TORTS

DE

PROTESTANTISME.

IMPRIMERIE DE MADAME POUSSIN, RUE MIGNON, 2.

TORTS

DU

PROTESTANTISME

ENVERS

LES PEUPLES;

Par E. M. Masse,

DÉDIÉ

A LA NATION FRANÇAISE.

PARIS.

SOCIÉTÉ DE L'UNION CATHOLIQUE,

9, RUE D'ENFER-SAINT-MICHEL.

1838.

AVANT-PROPOS.

Propagande protestante. — Oppression de la Pologne et de l'Irlande. — Despotisme de la Russie, de la Prusse et de l'Angleterre.

L'existence d'une propagande protestante ne saurait être niée. Ce n'est plus seulement à échanger des Bibles contre des écailles de tortue, du morphil, de l'huile de cocos, de la poudre d'or qu'on se borne aujourd'hui ; des matelots, des charpentiers ivrognes ne suffisent plus pour aller, en qualité de missionnaires, distribuer à des peuples qui ne savent pas lire, et qui n'ont pas encore d'alphabet, des tas de papier imprimé qu'on leur dit être la parole de Dieu traduite en leur langue ; les exploitations de commerce se rapprochent de la métropole, et les sociétés bibliques ont l'air d'avoir rencontré des sauvages beaucoup plus près d'elles qu'on ne croirait.

1.

Il faut être membre en effet d'une société anglaise, il faut vivre dans cette atmosphère de déceptions volontaires et habituelles qui forment l'esprit de certaines réunions, pour avoir imaginé de fourrer dans les poches et les havre-sacs des bandits de la légion d'Evans, et afin de les répandre en Espagne, de petits traités dogmatiques dans le sens du protestantisme. Quels édifiants colporteurs de la parole sainte !

Il paraîtrait que la propagande anglaise a formé le projet sérieux de protestantiser l'Espagne. Mais si elle parvenait à faire tomber en désuétude dans ce pays-là l'observance du catholicisme, que deviendraient plusieurs branches importantes de l'industrie anglaise ? Oh ! le zèle porte trop loin ces propagandistes, ou peut-être sont-ils le jouet, comme tant d'autres, d'une hallucination que nous ferons bientôt connaître.

La France n'est pas à couvert de toutes ces attaques du zèle protestant ; il est vrai qu'en général on y voit à l'œuvre d'autres missionnaires que des matelots ivrognes, ou cette

écume de la population anglaise qu'on pousse
en Espagne et dans le Portugal, parce que
légalement elle n'en a pas encore assez fait
pour être envoyée à Botany-Bay. La *Gazette
de Metz* racontait, au mois d'octobre dernier, que les protestanis avaient recommencé
leurs distributions de traités religieux dans les
environs de Longwi ; quelques petites filles,
se promenant sur les glacis de cette ville ,
avaient été accostées par deux dames étrangères et d'une mise élégante qui leur avaient
donné gratuitemeut plusieurs de ces ouvrages. Dans l'un de ces livres se présentaient, sous la forme d'un dialogue entre
Laurent et Eugène, les doctrines les plus
contraires à la foi catholique ; par un raffi-
nement de perfidie, on avait glissé, parmi
ces œuvres du protestantisme, deux ou trois
écrits d'une morale très-pure et dont les
principes sont tout-à-fait orthodoxes.

A cette propagande protestante, il faut
en joindre une autre beaucoup plus ancienne, mais dont l'activité s'est considéra-
blement accrue depuis quelque temps. Plus

sieurs fois, l'année dernière, nous avons rencontré de grand matin, dans la rue Saint-Jacques, des troupes de colporteurs dauphinois ou normands portant sur leur dos d'énormes mannes de petits livres parmi lesquels on distinguait le Contrat Social, les œuvres d'Helvétius, les *Ruines* de Volney, et autres œuvres dissolvantes, dernière expression du protestantisme, dont la propagande nouvelle n'a pour but que de voiler la nudité par trop dégoûtante.

Mais il ne suffit pas à certains esprits de vouloir détruire le catholicisme par des livres, et de s'adresser dans ce but à toute sorte d'agents, ou, si l'on veut, à toute sorte de démons, même à des diables couleur de rose ; les hommes qui donnent des lois aux peuples ou qui sont chargés de les faire exécuter s'en mêlent.

L'autocrate russe menace le catholicisme de la Pologne, et certainement il ne le ferait pas s'il y trouvait moins de nationalité et plus de servilité. Mais les mesures que le gouvernement russe a pu prendre pour élargir cette suprématie religieuse dont son chef est depuis long-temps investi, et qui ne contribuera pas peu à maintenir le peuple russe dans sa barbarie native et à empêcher toute fusion, même de simple charité, entre les classes, ne sont rien en comparaison de ce qui se pratique dans les états prussiens.

Il y a dans la Pologne prussienne une persécution sourde, long-temps inaperçue, même par les Polonais, tant elle était habilement dissimulée. Il a fallu enfin ouvrir les yeux tant sur l'épiscopat confié dans ce pays à des hommes indignes, à qui leur qualité d'étrangers et de vassaux dévoués des rois conquérants avait seule mérité cet honneur, que sur les actes d'autorité en vertu desquels ont été fermés les monastères, sur l'éducation des jeunes clercs décidément passée à des mains profanes et ouvertement hostiles à la foi.

Les provinces polonaises qui sont sous la domination prussienne, composent trois grands diocèses, auxquels il faut joindre celui de Breslau, depuis plus long-temps arraché à la Pologne. La population de chacun de ces diocèses ne s'élève pas à moins d'un million ; elle est d'ailleurs exclusivement catholique , et son caractère slave n'est pas moins expressif que sa foi à l'Eglise romaine. Le roi de Prusse a entrepris de germaniser ces peuples, et il a pensé que ce serait un infaillible moyen d'y parvenir, que de leur enlever la religion à laquelle ils tiennent , qui fait souvent leur consolation unique, et qui même est devenue la seule base de leur nationalité, après tant de révolutions et d'injustices. En conséquence, tous les dignitaires ecclésiastiques, tous les hommes capables d'exercer une influence sur le clergé, et même, dans quelques localités, tous les prêtres ont dû être Allemands. Qu'ils entendent ou non la langue de leur troupeau, n'importe. Il paraît même que moins ils entendent cette langue , plus ils conviennent.

Pour atteindre à ce but, de mettre à la tête du troupeau des hommes incapables de le mener dans le sens catholique, la Prusse, après avoir anéanti dans ces possessions nouvelles les ordres religieux et fermé les écoles ecclésiastiques, a fini par y prohiber l'élévation d'un indigène quelconque aux ordres sacrés. Beaucoup de paroisses sont restées sans instruction et sans service religieux; puis, afin de remplir les vides, les évêques sont allés chercher des prêtres dans le diocèse de Breslau, où se parle encore la langue polonaise. Or, Breslau est un diocèse tout prussien par l'esprit et les mœurs; le clergé n'y a point d'école à lui; les clercs y sont élevés dans des universités, véritables arsenaux de rationalisme et d'impiété, sans aucune distinction entre eux et les jeunes gens destinés aux fonctions laïques. Et encore, comme on le pense bien, Breslau n'exporte pas la fleur de son clergé. Qu'on voie, d'après cela, s'il est plus avantageux pour ce pauvre pays polonais d'avoir des prêtres qui n'entendent pas sa langue, ou des prêtres qui ne peuvent lui apporter que des doctrines suspectes.

Les statuts qui régissent les provinces

rhénanes, veulent que les enfants nés de mariages mixtes soient élevés dans la religion luthérienne, et un ordre du roi porte en substance, que désormais tout officier, quel qu'il soit, perdra son grade, si, étant engagé dans un mariage mixte, il permet que ses enfants soient élevés dans la religion catholique. Ces mariages mixtes sont toujours fâcheux; les enfants, d'ordinaire, suivent la religion du père ou de la mère, selon le sexe auquel ils appartiennent. Mais ici pourquoi vouloir que la religion la plus récente soit préférée? Il semble qu'en cette occasion, comme en bien d'autres, l'honneur devrait être pour ce qui est le plus ancien; et l'archevêque de Cologne était dans son droit en ne voulant accorder la bénédiction aux mariages mixtes que sous la promesse faite par les époux d'élever leurs enfants dans la foi catholique. Comment en effet donner la bénédiction du mariage à des gens qui vont mettre au monde des enfants infailliblement destinés à n'être point de notre communion?

Donner aux enfants la religion de l'un ou de l'autre des époux, c'est un acte de nécessité, fâcheux autant que de tels actes peuvent l'être ; mais il reste toujours l'espoir que l'un des époux convertisse l'autre, ou que tous les enfants soient élevés dans la religion catholique, par l'influence de la mère. Vouloir, au contraire, qu'on leur donne à tous irrévocablement celle des deux religions qui n'a pas de chef spirituel reconnu, c'est un acte de despotisme, c'est une usurpation flagrante sur le domaine d'autrui. Le chef spirituel de l'Eglise catholique est reconnu de tous les membres de cette Eglise, il est reconnu même par les Eglises dissidentes comme chef du corps dont elles se sont séparées ; tant que l'Eglise ne sera pas anéantie, et jamais elle ne le sera, nul pouvoir ne saurait avoir mission d'intervenir dans ses réglements religieux, à moins d'en être requis par elle. Nous ne voulons pas préjuger ce qui peut advenir de l'affaire de Cologne ; nous ne pouvons que regretter qu'un gouvernement qui a des idées arrêtées, ce que tous n'ont pas, se soit ainsi jeté dans une sorte d'impasse d'où il ne pourra sortir sans compromettre plus ou moins sa dignité ; situation dont sans doute il commence à se rendre compte, et qui lui a été révélée par l'intérêt que les journaux français et anglais ont d'abord pris à cette affaire.

En Suisse, des persécutions sont exercées aussi contre les catholiques, mais par une autre sorte de despotisme, par celui des villes à l'égard des campagnes, de l'aristocratie industrielle et bourgeoise cachée sous les formes du radicalisme contre les cultivateurs et autres citoyens qui, en politique, ne veulent qu'une chose : à chacun son droit. Ces persécutions ont tout le caractère des provocations que se permirent les protestants au seizième siècle, et auxquelles dut répondre la ligue. Une espèce de club, *la société du Casino* de Glaris, dans une expédition contre Næfels, pour mettre à la raison, on le disait ainsi du moins, ceux qui ne veulent que la justice, accompagnait une

soldatesque composée d'un ramassis d'ouvriers de fabriques, les saluant de scandaleux
vivats ; et à Glaris même, plusieurs de ces
soldats allaient et venaient dans l'église
paroissiale, pendant le service divin catholique, en faisant du tapage et en fumant la
pipe. Certes, voilà bien le despotisme populaire ou si l'on veut d'une fraction du
peuple, car cette sorte de despotisme, le
plus affreux de tous, ne s'exerce jamais que
par des fractions plus ou moins grandes.

La partie du Jura suisse, qui est catholique, n'est pas traitée moins rigoureusement
par l'aristocratie bourgeoise de Berne.

Ce n'est pas un grand honneur pour le
gouvernement de Prusse que ses mesures,
inspiratrices peut-être, coïncident avec des
orgies qui rappellent les excès de la révolution française. Et ce n'est pas glorieux pour
des radicaux de s'exposer à ce qu'on dise :
Quoi ! sommes-nous déjà assez dégénérés
pour voir de sang-froid des citoyens suisses,
des confédérés, des enfants de la liberté
courbés sous les chaînes de l'esclavage !

pour voir la religion sainte, qui fut celle des héros du Grütli, opprimée, et ses ministres persécutés, parce qu'ils ont refusé de prêter un serment réprouvé par leur conscience et par leurs supérieurs ecclésiastiques! pour voir nos frères catholiques de Glaris, des martyrs de la foi, traînés dans des prisons, foulés par des occupations militaires et en butte à une tyrannie mille fois plus odieuse que celle de Gessler et de Laudenberg!

Les effets d'un serment exigé des catholiques auraient bien dû pourtant se présenter à la mémoire. Ignore-t-on en Suisse et ailleurs, ce que de tels serments ont causé de trouble et de maux à la France et à l'Angleterre? Les embarras suscités à cette dernière par des mesures de ce genre ne sont pas encore sur le point de finir après trois siècles. Il entre dans nos considérations de faire connaître dès à présent où en sont les choses dans ce pays, d'exposer les résultats actuels; plus tard, nous développerons l'origine et les causes premières.

On a tort en France de représenter les

amis de l'Irlande comme les ennemis des institutions monarchiques, de la paix et de l'ordre social ; c'est prendre involontairement parti pour les ennemis d'un peuple malheureux, et les encourager à persévérer dans l'infernale politique qui a réduit l'Irlande à la désolation, et converti presque tous ses enfants en « misérables coupeurs de bois et puiseurs d'eau (1). » Plus d'un tiers de l'Irlande est sans culture. Les vexations incessantes dont le peuple est l'objet, l'ont poussé à bout ; les riches propriétaires redoutant les effets de cette irritation, ne veulent plus se trouver au voisinage de paysans réduits au désespoir par l'exigence des fermiers ; et l'impuissance de payer les redevances devient d'autant plus grande, que l'argent qui en provient est dépensé ailleurs.

(1) Ceux qui ont vu à Marseille pendant les cent-jours, en 1815, à quel chétif métier la stagnation subite du commerce avait réduit le peuple, n'auront pas de peine à comprendre ces expressions qui sont, je crois, de M. O'Connel.

2.

Les abominations, l'injustice et l'oppression exercées par l'Eglise établie, par la religion d'état anglaise, réclament vivement une réforme. Peut-il se rencontrer en effet d'iniquité plus intolérable que de forcer les catholiques d'Irlande et les dissidents de la Grande-Bretagne, à entretenir une nuée de véritables frélons qui font si peu de chose pour les leurs, et dont les autres, les catholiques surtout, en retour de leurs prestations, ne reçoivent absolument rien que l'insulte et la calomnie?

Certainement, on ne saurait demander à ceux de nos compatriotes qui s'appellent légitimistes s'ils veulent voir se perpétuer la servitude, la misère et la dégradation de l'Irlande, sans qu'ils répondent : Non. Pourtant ils voudraient qu'on attendît le bon plaisir de l'aristocratie orangiste et du banc des évêques. Ils prétendent que c'est à ces législateurs légitimes à décider quand les Irlandais seront dignes d'être enrôlés parmi les hommes libres. Mais n'est-ce pas dire en d'autres termes que c'est aux dévastateurs de l'Irlande, aux contempteurs de sa religion, aux ennemis décidés de son nom et de la race qui l'habite, à déterminer eux-mêmes le temps où cesseront leurs injustices?

L'alliance des catholiques d'Europe avec les tories est une chose au moins étrange. Les tories d'Angleterre ont du sang et beaucoup de sang sur les mains. Ils ont ravagé et désolé l'Irlande; ils ont massacré ses enfants à cause de leur attachement à la foi ancienne; ils les ont portés à des actes de désespoir dont la responsabilité historique retombe sur les assaillants, sur les persécuteurs; ils blasphèment sans relâche contre la doctrine du Christ; ils soutiennent l'erreur par l'oppression.

Certes, nous sommes portés à respecter tout ce qui est ancien; mais ce respect au fond ne saurait être exclusif que pour la religion qui compte le plus de siècles d'existence; quant à tout le reste, il n'y a pas de prescription pour nous. Hommes du passé ou qui vous dites tels, prenez garde à cette confusion d'idées qui a déjà fait tant

de mal, et qui vous a perdus vous-mêmes ;
ne forcez pas les hommes de sens et d'expérience à vous dire sans cesse qu'il ne faut
respecter que ce qui mérite le respect, et
que le royaume du Christ n'étant pas de ce
monde, on n'a que faire, tout en se disant
catholique, de songer sans cesse à ce
monde qui passe, qui n'a jamais, le lendemain, la forme qu'il avait la veille, et
dont les idées de justice, s'il est possible de
lui en donner, ne peuvent venir que d'une
religion inaltérable, éternelle, miroir sans
cesse présent que les passions peuvent bien
ternir quelquefois de leur souffle, mais
qu'elles ne briseront jamais.

Mais, dira-t-on, les radicaux ne veulent-
ils pas abolir l'hérédité de la pairie ? — Si
les catholiques d'Irlande partageaient ce
vœu des radicaux, où serait leur tort ? La
chambre haute s'est opposée à toute mesure favorable à l'Irlande ; elle a étouffé
toute proposition tendant à satisfaire ce
pays, à rendre sa condition meilleure. Cette
chambre est la tyrannie incarnée, la per-

sonnification de l'orgueil, de l'arrogance, de l'intérêt privé le plus étroit, du despotisme le plus tenace, le plus propre à s'incruster, à se cristalliser sur les pays qui se disent libres. Elle a pendant des siècles entassé sur l'Irlande plus de maux que nul pays n'en a jamais souffert. Elle n'a jamais rien fait pour la conciliation et la justice. Quand des concessions particulières ont été amenées par la nécessité, elle n'a pu s'y prêter qu'avec le ton de l'insulte et de la domination.

Dans la chambre des lords, l'ennemi et le calomniateur de l'Irlande n'échappe jamais à d'indignes applaudissements ; le défenseur de ce pays n'échappe jamais aux dédains, aux huées. Lord Lyndhurst fait cette déclaration : « Je refuse aux catholiques de l'Irlande une participation complète aux droits des sujets de la Grande-Bretagne, parce qu'ils sont étrangers de *sang*, de *religion* et de *race*. » Les plus riches bravos manifestent à l'instant la sympathie de la chambre pour une déclaration si atroce.

Où est donc le tort des Irlandais, s'ils ne veulent pas que les fils de ces hommes renouvellent d'aussi féroces bravos? C'est une épouvantable hérédité que celle des haines, et plus encore celle des persécutions.

Ce qu'il faut à l'Irlande, ce n'est pas une loi pour les pauvres; ce sont des lois qui fassent un seul peuple de tous les Irlandais, une seule nation égale en droits à l'Angleterre. Alors, soit catholiques, soit protestants, les Irlandais n'auraient plus le droit de se plaindre, de récriminer; les dissentiments, les animosités s'épuiseraient; l'aristocratie reviendrait dans ses châteaux qui ne courraient plus le risque d'être incendiés; elle ne craindrait plus de consacrer ses capitaux à fonder dans sa patrie des établissements capables d'assurer sa richesse et sa tranquillité. Après, on pourra s'occuper d'une loi des pauvres; espèce de voile que les riches jettent sur la misère pour qu'elle ne vienne pas troubler par son aspect leurs égoïstes jouissances.

Du reste, il faut s'entendre sur l'union des catholiques irlandais avec les radicaux. Les radicaux d'Angleterre sont divisés en je ne sais combien de partis peu d'accord sur quelques points, mais unanimes à demander pour la future législation l'établissement d'une administration moins dispendieuse, l'allégement des taxes, l'amélioration du sort de la classe ouvrière. Y a-t-il unanimité sur les moyens à prendre pour atteindre à la réalisation de ces vœux ? Non, sans doute, et pas plus en Angleterre qu'ailleurs. Là-bas comme ailleurs, c'est aux gouvernements à chercher, à proposer ce qui convient, à avoir le courage de le faire. Parmi ceux qu'on appelle radicaux, n'en est-il pas qui rêvent la république et l'égalité ? Il est probable que, dans le royaume uni de la Grande-Bretagne et de l'Irlande, on pourrait compter dix ou quinze mille de ces hommes imbus de politique sottement abstraite, mais sans union, sans influence, sans position sociale, inconnus l'un à l'autre, dédaignés, moqués, et tels enfin qu'ils seront toujours ailleurs, quand les fautes des gouvernements ne viendront pas exciter leur verve et jeter un vernis d'à propos sur leurs folles déclamations.

Voici les six articles principaux que les radicaux de bon sens demandent :

1° Le vote par ballotage ;

2° L'abréviation de la durée des parlements ;

3° L'extension des suffrages ;

4° L'abolition de l'Eglise nationale ;

5° L'extinction des dîmes et des taxes ecclésiastiques ;

6° La substitution d'une contribution volontaire de chaque croyance en faveur de ses ministres et de son culte.

Ces choses, qui sont d'ailleurs demandées par tous les dissidents sans distinction, n'ont rien qui puisse blesser les idées du catholicisme.

Il n'est pas hors de propos de rappeler

que la dîme, cette dîme si rigoureusement exigée en Angleterre par l'Eglise d'état, n'a jamais été établie ni en Orient ni en Afrique; que le décret de Charlemagne consacra, comme il serait facile, mais trop long peut-être de le démontrer ici (1), une confusion de noms à laquelle vint aider le concile général de Latran, en 1179; que la plupart des théologiens et des canonistes sont d'avis que la dîme n'est que de droit humain; qu'elle n'a point eu lieu avant le sixième siècle; que les pères et les conciles des siécles précédents ne commandaient pas de payer, mais exhortaient seulement à subvenir; que la dîme n'a pas été universelle, qu'elle a été sujette au changement selon les temps, les lieux, les personnes; toutes conditions qui ne conviennent point au droit divin (2).

(1) Nous nous proposons de consacrer quelques développements à cette matiére dans un ouvrage qui aura pour titre *Etudes municipales*, dont nous nous occupons depuis long-temps.

(2) La ville de Marseille, dont la catholicité

Les reproches qu'on se croit en droit d'adresser aux catholiques irlandais, retombent avec plus d'intensité sur M. O'Connel qui en est l'honorable personnification ; il est de notre devoir de dissiper certains nuages dont il a paru qu'on pouvait impunément obscurcir la gloire de ce grand homme. M. O'Connel n'est pas plus lié que ses compatriotes avec les libéraux à idées abstraites

ne fut jamais suspectée, ne payait point la dime. En d'autres paroisses du diocèse, et surtout dans la plus importante, elle n'avait été établie, mais avec beaucoup de douceur, que par transaction et après un procès qui avait duré près de cent ans avec quatre cardinaux romains, successivement seigneurs temporels et spirituels du lieu, et parents des deux reines de France de la famille *Medici*. Cette paroisse n'avait jamais été excommuniée pour n'avoir pas voulu payer une dime ecclésiastique qui pendant long-temps avait été confondue avec la dime seigneuriale, dont elle s'affranchit par la transaction dont nous parlons, moyennant une rente fort modérée, qui, en 1789, ne répondait en valeur réelle qu'au sixième de la quotité irrévocablement fixée au seizième siècle.

et anarchiques. Il se borne à réclamer l'extirpation des abus engendrés par le temps. Il voudrait voir affranchir la chambre des communes du contrôle et de la suprématie de la chambre aristocratique, mais sans enlever à la noblesse son influence naturelle, ni sa position dans le monde, ni ses biens, mais surtout sans ravir au pouvoir ses légitimes prérogatives. Il voudrait que le gouvernement de la Grande-Bretagne fût en réalité ce qu'il n'a été jusqu'ici qu'en apparence. Voici ce qu'il disait un jour des républicains : « Il y a mille raisons dont chacune suffirait pour m'empêcher de supporter jamais l'idée de l'établissement d'une république dans ce royaume. Mais n'y eût-il que la vénalité, la duplicité et la folie de ceux qui soutiennent un pareil système, c'en serait assez pour m'en inspirer le dégoût. »

Dans une lettre récemment écrite à M. Colquhoun, il dit : «Vous m'accusez de vouloir l'élévation de mon Eglise ; entendons-nous. Je veux son élévation en utilité, en savoir, et par-dessus tout en piété, dans l'intérêt de la propagation de la charité divine et universelle parmi les hommes. Si vous entendez au contraire par les mots élévation de l'Eglise, ce que vous cherchez pour la vôtre, c'est-à-dire l'accumulation des richesses ou du pouvoir temporel, l'appui de l'Etat, vous vous trompez étrangement sur ma véritable pensée.... Quant aux vœux que vous dites former pour la conservation de votre Eglise établie, permettez-moi de vous faire une observation. Ce n'est pas l'œuvre de Dieu que vous voulez conserver, car elle ne saurait périr ; ce qui est divin résiste à tous les efforts de l'homme ; mais vous voulez garder les dîmes, les offrandes, le pouvoir temporel, toute l'insolence de l'autorité que, dans un fol orgueil, vous vous réjouissez de voir dévolue à des chrétiens dont vous partagez les croyances. — Pour conserver votre Eglise, faites donc au moins que le culte protestant soit alimenté par l'argent des protestants. Au zèle farouche de l'animosité orangiste,

substituez enfin l'éclat de la bienveillance
et de la charité protestante. Ce n'est pas
l'Eglise que vous aimez, c'est l'argent. »

Loin que les principes de M. O'Connell
et de ses amis aient fait tort au catholicisme
en Angleterre, il s'y relève de jour en jour,
et les destinées de l'Eglise y sont pleines
d'un brillant avenir. Les plus savants et les
plus zélés des ministres anglicans combat-
tent presque pour nous contre les principes
fondamentaux de la religion qu'ils profes-
sent. Convaincus des excès où conduit l'interprétation privée en fait de religion, ils
ont porté leurs regards vers les dogmes et
les constitutions de l'Eglise catholique
pour lui demander les moyens d'arrêter et
de réparer, s'il se peut, le mal qu'ils dé-
plorent. Tel est déjà le chemin qu'ils ont
fait dans cette voie de retour, qu'on les
entend réclamer ouvertement l'institution
d'un tribunal ecclésiastique auquel seraient
portées toutes les controverses religieuses,
et désirer le rétablissement des usages et
des rites catholiques abolis par la réforme.

Ce mouvement de conversion est toutefois loin d'être universel en Angleterre, mais il est assez prononcé pour montrer l'hérésie du seizième siècle livrée à des mouvements convulsifs, signes infaillibles d'une dissolution prochaine, tandis que la vérité catholique va gagnant chaque jour à sa cause de nouveaux adeptes, et se trouve toujours plus en mesure de faire servir au bien-être futur de la société l'excès même du mal auquel cette société si tourmentée est en proie.

Le gouvernement prussien a bien vu ces mouvements convulsifs du protestantisme qui se détruit lui-même en se fractionnant en une multitude innombrable de sectes, incohérentes et jalouses ; mais il a dédaigneusement rejeté cette même voie de retour où la partie la plus saine de l'anglicanisme se trouve portée par les réflexions d'un savoir mêlé de bon sens. Malgré tous les troubles, toutes les persécutions, toute l'effusion de sang dont le bizarre projet de Henri VIII de se faire pape de son royaume a été l'origine fatale, on a vu le monarque prussien recourir à toutes sortes de moyens pour réaliser dans ses états son idée favorite d'une souveraineté absolue, c'est-à-dire d'une souveraineté réunissant sous une même couronne le pouvoir temporel et le pouvoir spirituel, et l'un et l'autre sans limitation aucune. Il a commencé par ordonner à toutes les communions protestantes de recevoir la liturgie nouvelle qu'il venait de faire confectionner à l'instar de celle qui régit l'Eglise anglicane, cette religion si entichée d'arbitraire, si noire d'attentats contre la liberté.

Les catholiques n'ont donc pas été les seules victimes du despotisme théologique du roi de Prusse; luthériens, calvinistes, toutes les communions qui n'ont point voulu reconnaître sa suprématie religieuse, ont encouru plus ou moins sa rancune. La persécution des catholiques n'est même, à vrai dire, qu'une application partielle du système de persécution sourde et hypocrite imaginé pour soumettre lentement et par

tous les moyens ceux à qui leurs principes
ne permettent pas d'adhérer à la nouvelle
Eglise dont la réalisation se poursuit depuis
environ dix ans. Il est vrai que les dissidents du protestantisme, par suite du caractère général d'obséquiosité imprimé par la
réforme, n'ont pas fait beaucoup trop de
façons pour se laisser convaincre. Les catholiques mêmes n'avaient pas vu d'abord
tout le mal qui allait résulter des statuts rela-
tifs aux mariages mixtes; on ne s'est aperçu
qu'après coup du rôle puissant que jouaient
ces mariages dans la propagande royale,
et voici comment :

Le gouvernement prussien a inondé les
provinces rhénanes, comme il avait déjà
fait en Silésie, d'une foule d'employés de
ses anciennes provinces qui, tous protestants, y ont épousé des femmes catholiques, afin que de ces mariages et en conséquence de la volonté royale, il ne sorte
plus qu'une progéniture protestante! Nous
avions bien raison de dire que, pour ex-
tirper le catholicisme, on recourait à toute

sorte d'agents ou si l'on veut de démons.

Il est facile de concevoir que les effets d'un tel procédé ne se montrent qu'avec le temps. Le gouvernement prussien a pu espérer que l'archevèque de Cologne, installé depuis peu dans son diocèse, pourrait se conformer au désir royal; mais le digne pontife n'a-t-il pas dû résister quand, sur les plaintes de la Silésie, où l'on pense que trois cent mille âmes ont été enlevées au catholicisme par les mariages mixtes; quand, par les observations qu'il a pu faire lui-même dans les provinces rhénanes, il a reconnu qu'en se prêtant à ces menées, il agirait contre ses croyances et contre les intérêts de l'Église.

On voit que si le gouvernement prussien s'est laissé séduire par les éloges prodigués à l'absolutisme en ces derniers temps dans des écrits fardés de religion, si l'on veut, mais nullement imprégnés de l'esprit de Bossuet et des pères de l'Église, pour qui les puissances de la terre ne sont pas des idoles auxquelles on doive tout sacrifier;

d'un autre côté, il n'a pas cru à la véracité de ces autres écrits où le protestantisme est regardé comme une porte de liberté et d'égalité pour les peuples, comme une voie sûre d'affranchissement. Il n'ignore pas que le protestantisme, par son *libre examen*, a toujours fait bon marché des croyances religieuses, pourvu que les questions d'intérêt particulier fussent convenablement résolues, et cette connaissance l'a fort bien servi jusqu'à ce jour ; mais au sujet de l'absolutisme pur, de la réunion des deux pouvoirs en une seule main, il y a dans l'histoire d'autres leçons que celles qu'ont pu donner certains hommes dont les intentions étaient bonnes peut-être, mais dont les touchants regrets sur la religion de leurs pères se confondaient un peu trop avec des regrets plus intimes sur l'asservissement des nôtres.

Nous ne parlerons pas de cette suprématie anglicane dont les prétentions ont été si funestes aux peuples comme aux rois, et en vertu desquelles la moindre question religieuse soulève toujours une question d'État,

et fait toujours servir les affaires de l'Eglise
de point de départ aux changements politiques ; mais dans la religion musulmane,
le chef politique est en même temps lieute-
nant de Dieu sur la terre, et certes, ce n'est
point là un titre sans conséquence; car la
perte d'une bataille, une famine ou tout
grand revers éprouvé par le sultan peut an-
noncer que Dieu réprouve son vicaire, et
de cette annonce il n'y a pas loin à une ca-
tastrophe sanglante.

Les empereurs de Constantinople étaient
aussi les chefs de l'Eglise grecque; mais si
leur empire s'est trouvé trop faible en présence des Ottomans, qui n'étaient qu'une
poignée d'hommes, n'est-ce pas à l'isolement
produit par le schisme que cette faiblesse
doit être imputée? n'est-ce pas pour avoir
voulu investir eux-mêmes leur patriarche,
que les empereurs de Constantinople ont
transmis par leur défaite ce même droit
d'investiture à leurs fiers successeurs, les
sultans des Turcs? Et si les Turcs ont tant
opprimé la Grèce, n'est-ce point parce que

sa religion tout extérieure, cette religion, où le génie des Grégoire, des Athanase, des Chrysostome s'était complétement éteint depuis le schisme, n'offrait pas aux conquérants des garanties morales suffisantes? Au tort de s'être laissé conquérir, les Grecs ne joignirent-ils pas celui de n'avoir pas su se faire respecter dans leur malheur? Quelle a été l'influence de cette religion grecque sur la civilisation moderne? Quel rôle a-t-elle joué parmi les Barbares? Quel est son effet moral en Russie? Là, peut-être, le chef politique ne court aucun danger pour être à la tête d'une religion qui ne vit point, et que rien ne peut ranimer.

Mais on ne saurait dire que, dans la religion romaine, il y ait jamais eu de cendres sans feu. Que l'Eglise fut grande après l'attaque de ce Luther qui croyait l'avoir réduite aux dernières extrémités! Les hommes qui gémissaient le plus des abus que le temps avait introduits, se rallièrent avec une ferveur nouvelle à cette Eglise dont ils étaient sur le point de provoquer eux-mêmes la ré-

forme. Et, dans la révolution française,
n'est-ce pas aux attaques contre la religion
romaine qu'il faut imputer les plus fâcheuses
résistances? Les privilégiés, dont la cause
était perdue, n'exultèrent-ils pas de joie
quand une voie d'opposition, où pouvait
entrer le peuple, leur fut ainsi ouverte?
Comment peut-on oublier ces grandes leçons?

En admettant que l'Eglise romaine ait
jadis abusé de la force contre des princes
qui pourtant auraient bien voulu l'anéantir,
comment ne voit-on pas que les hommes
de cœur, de sens et d'expérience parmi les
catholiques, se rattacheront d'autant plus à
leur religion que le pape et les évêques ne
possédant désormais qu'une puissance toute
spirituelle, on ne craint plus que des gendarmes et des régiments de dragons viennent
imposer aux fidèles des articles de foi.
Comment a-t-on pu éprouver en France
de la sympathie pour la création d'une
Eglise d'état en Prusse, Eglise dont le chef
étant un roi peut par conséquent avec les

moyens que lui fournit la puissance matérielle, forcer les consciences ou par intimi-
dation ou par des faveurs, et recourir aux
baïonnettes brutales dans certaines questions
qui, en des pays possédant des garanties,
seraient pacifiquement traitées par les tribunaux, par la discussion publique ou par
des jugements appuyés sur la loi ?

Faut-il croire que notre gouvernement
incline au protestantisme? qu'il ait aussi
conçu l'idée d'une religion d'état? Voici
tout ce qui apparaît dans cette question.
Ce n'est point par estime pour leur croyance,
par sympathie pour leur culte que le pouvoir prodigue aux protestants ou à leurs alliés les charges lucratives. Le pouvoir n'ap-
précie naturellement les religions et tout le
reste que par rapport à lui. Les principes
du pouvoir ont été nettement débrouillés
par Machiavel, l'un des plus grands hommes
des temps modernes, ou du moins le plus
vrai, l'un des hommes qui, indirectement,
a le mieux fait sentir le besoin d'une religion indépendante, qui ne se mêlât point aux

souillures du pouvoir temporel. Mais pour le pouvoir temporel lui-même, la meilleure des religions est toujours celle qui fait des citoyens plus dociles aux souverains et plus disposés à souscrire à tous leurs ordres.

Que le sacerdoce catholique abdique s'il est possible sa réputation d'inflexibilité ; que le clergé abjure ses doctrines sur la distinction des deux puissances et sur l'indépendance de l'autorité religieuse ; qu'il répudie, ce qu'il ne fera point, l'héritage de dignité qu'il tient de saint Ambroise, de saint Thomas de Cantorbéry, de Pie VII, et il verra le pouvoir venir à lui, le sourire sur les lèvres, les mains pleines de présents ; il verra les empressements qui paraissent avoir lieu autour du protestantisme cesser tout à coup.

Ce sont là des choses que le pouvoir sait fort bien, mais que les peuples ne savent pas assez. Nous avons cru qu'il n'était pas sans utilité d'en répandre la connaissance ; et, envisageant la question sous le point de vue le plus général, nous avons cherché à mettre dans un plus grand jour qu'on ne l'a fait jusqu'ici les torts du protestantisme envers les peuples.

Au reste, le protestantisme primitif et constitué n'a qu'une coopération assez restreinte à la propagande qui se fait en France. Il a bien son prosélytisme, mais c'est un prosélytisme qui n'a rien de populaire. C'est dans les hauts lieux qu'il s'exerce, presque toujours il se combine avec des desseins politiques. Ce prosélytisme sympathise avec la propagande prussienne, et paraît en suivre les inspirations. Presque partout, le mouvement des doctrines hétérodoxes est l'œuvre des sectes séparées ; mais le protestantisme pur, ce que nous appellerions volontiers le haut protestantisme, saurait bien, quand le temps serait venu, rallier tous les dissidents, et recourir aux méthodes employées par le gouvernement prussien pour faire adopter sa liturgie.

M. de Maistre disait des sociétés bibliques qu'elles semaient pour Rome. On ne serait peut-être pas loin de la vérité en affirmant des sectes protestantes de nos jours qu'elles cultivent pour l'Eglise.

C'est du moins un consolant spectacle que celui de l'unanimité des catholiques en ce moment. Ce n'est pas de nos jours, ni jamais, qu'elles deviendront des prophéties, ces insolentes paroles d'un écrivain malheureusement trop connu : « Quand viendra, dit-il, le réveil des peuples, il ne restera au pontife solitaire qu'à se creuser une tombe à l'écart avec un tronçon de sa crosse brisée. » Non, cette crosse n'est pas encore brisée; et, ni vous, ni personne ne pourra se vanter d'en avoir ramassé les tronçons; non, et ceci vous avez besoin de l'apprendre encore, après tant d'exemples pourtant offerts à vos yeux, non, quand les peuples se réveillent, ce n'est qu'aux sons faux échappés à leurs endormeurs; et alors, s'il est une tombe à creuser, c'est pour le sophisme et le charlatanisme, sur quelques tréteaux qu'ils aient osé se débattre.

TORTS

DU

PROTESTANTISME.

L'ÉGLISE ROMAINE.

I.

Influence de l'Eglise romaine sur la liberté des peuples.

Quand on veut remonter aux origines de la liberté politique telle qu'on la conçoit aujourd'hui, on ne rencontre guère parmi les peuples anciens que les Hébreux dont les institutions en recèlent véritablement le germe. Il y a trop à dire sur la liberté des Grecs, et bien plus encore sur celle des Romains. Aussi n'était-ce pas chez ces peuples que le christianisme, religion de liberté, pouvait naître. La loi de Moïse qui , plus qu'aucune autre doctrine religieuse, s'opposa toujours à l'absolutisme terrestre, devait seule servir de berceau à la loi du Christ, à la loi du Dieu fait homme pour l'amour de nous, à la loi de justice et de fraternité, à la loi qui, dans un maître, reconnait un père plus indulgent encore que le maître n'est sévère.

L'établissement de la juridiction papale et de la hiérarchie ecclésiastique ne fut que l'application plus vaste et mieux entendue des principes mosaïques. Le pontife de Rome, c'était Moïse gouvernant à jamais les peuples par l'esprit et non par le glaive; c'était la prédominance du pouvoir divin, de l'autorité morale, spirituelle, sur toutes les autorités purement terrestres.

Les pontifes en sacrant les rois ne leur transmettaient pas une portion de l'autorité divine, ils constataient seulement que la source de tout pouvoir est dans le ciel, et faisaient entendre aux rois de la terre qu'ils ne doivent pas contrarier le bien que Dieu veut faire aux hommes.

Sans doute, les passions humaines se mêlèrent des deux côtés dans cette lutte entre les deux pouvoirs; peut-il y avoir de combat sans passions? mais quels que soient les torts particuliers, quelque exagération que les écrivains gagés par les puissances terrestres aient apportée dans leurs reproches, on reconnaît toujours, même dans leurs récits les plus envenimés, le noble but que se proposait l'Eglise.

Les excès blâmables étaient l'œuvre de l'homme et de son temps; le résultat des contradictions, des irritations de toute espèce, la réponse aux marques multipliées de mauvaise volonté, aux signes certains de conjuration permanente; mais la pensée venait de Dieu.

On a reproché au premier empereur chrétien d'avoir établi le siége de sa domination à Bysance, d'avoir ainsi hâté la chute de l'empire romain, comme si le bonheur du monde eût dépendu de la conservation de cet empire; comme si l'organisation romaine, trop imitée par les Barbares, n'eût pas amené, aggravé les maux du moyen âge, plus que n'auraient pu y contribuer les mœurs apportées du fond des forêts germaniques ; comme si les abus de la féodalité n'avaient pas eu pour fondement cette organisation tyrannique de la société romaine plus que ces mœurs libres et fières, même brutales, des peuplades du Nord.

Sans nous arrêter davantage à ce point de vue qui peut-être n'a pas été encore assez profondément éclairé, nous pouvons dire qu'il n'est pas facile de concevoir ce que serait devenu notre Occident, si Constantin, en se fixant à Bysance, n'eût pas laissé Rome devenir le siége d'une bienfaisante unité spirituelle, par laquelle devaient à la longue être abolis les maux sans nombre que la monstrueuse unité politique de Rome avait causés.

Le choix que le premier empereur chrétien fit de Bysance, ne fut pas moins utile au christianisme que sa conversion. Ce choix heureux permit à la hiérarchie pontificale de placer pour la première fois dans l'histoire du monde, au-dessus du pouvôir matériel qui jusqu'alors avait régi exclusivement presque tous les peuples, une puissance morale bien distincte, bien nettement séparée, et montrant à tous les yeux sa divine origine.

L'ascendant obtenu par la puissance spirituelle sur le pouvoir simplement temporel, la victoire remportée par la pensée sur le glaive, le développement progressif de la civilisation générale dans un ordre qui n'était plus absolument celui de la force matérielle, l'accroissement du bonheur et du repos de l'humanité, en même temps que de son énergie morale, tels furent les fruits de la résolution de Constantin.

Aussi voyons-nous sans cesse dans la lutte des peuples contre l'oppression toujours imminente, toujours attentive et réfléchie du pouvoir temporel, les papes et le clergé se ranger par devoir, par conscience, du côté des peuples, quelque transformation que les intérêts de la puissance temporelle aient pu prendre, et faire servir cette organisation romaine qui tendait auparavant à détruire autour d'elle toute nationalité particulière, la faire servir, en la rattachant au ciel, à ne former de tous les peuples de la terre qu'une seule nation spirituelle, ce qu'ils peuvent être bien plus facilement et avec plus d'avantages qu'une seule nation politique.

Dès l'invasion des Barbares, l'Eglise s'était utilement substituée à l'administration romaine dans les villes, et avait préparé ces temps où les papes, en prenant parti pour les républiques italiennes et pour tous les hommes alors libres dans les pays chrétiens, se montrèrent disposés à lutter contre tout projet d'oppression matérielle de quelque part qu'il vînt.

Et qu'on ne dise plus que le catholicisme est ennemi de la liberté! Cette grande insurrection des villes et des républiques italiennes contre le despotisme des empereurs allemands ne commença-t-elle pas à l'époque même des croisades, quand l'esprit

catholique était dans sa plus grande ferveur? L'établissement des communes en
France ne date-t-il pas de la même époque?

II.

Haine des protestants contre les images des saints.

On a beaucoup écrit dans ces derniers
temps pour savoir si nos municipalités
étaient d'origine romaine. Ce qu'on peut
dire de plus certain, c'est que s'il y restait
des formes latines, le fond n'était plus le
même, le but avait bien changé. La mu-
nicipalité latine était vis-à-vis du gouvernement une garantie odieuse pour l'ac-
quittement des impôts, pour la prompte et
générale satisfaction aux diverses charges
des villes, tandis que la commune du
moyen-âge, dans le nord comme dans le
midi de l'Europe, était une garantie fra-
ternelle des hommes libres contre les entreprises des grands, contre les attentats
politiques de ceux qui avaient greffé leurs

privilèges de conquête, leur fortune de
cour, sur le régime tyrannique de l'administration impériale, et converti à leur
usage propre les procédés et les produits
de la fiscalité romaine, si minutieuse, si
vexatoire, si atroce dans les derniers
temps.

Contre ces grands, ces proconsuls hé-
réditaires qui, par le lien féodal, avaient
formé une si formidable et si rapace milice, les communes opposèrent une milice
plus puissante encore, la milice du ciel.
Les patrons des villes, les patrons des confréries, étaient-ils autre chose que des chefs
sous lesquels les peuples luttaient contre
l'oppression ?

Les grands avaient dans leurs pennons
ou sur leurs armes des signes hiéroglyfi-
ques n'exprimant qu'arrogance et orgueil;
les congrégations, les communes, les arts
et métiers avaient dans leurs bannières,
dans les signes qui les ralliaient au *bann*, à
la proclamation légale, des images véné-
rées que les nobles étaient bien forcés de

respecter, et contre lesquelles ils se ven-
gèrent à outrance dans les pays où la réforme de Luther vint leur donner plus ou
moins gain de cause.

Cette haine atroce des protestants contre les images des saints, contre tous les
emblèmes du culte catholique, était bien
réellement une haine aristocratique, une
haine de certains grands contre le peuple,
exercée par des bandits enrôlés à tout
prix sous leurs drapeaux.

Il y aurait là-dessus des recherches curieuses à faire. On peut du moins assurer,
d'après le plus grand nombre des documents connus, que les levées de la ligue,
les levées catholiques étaient légalement
faites par les communes sur l'ordre des
gouverneurs ou des parlements ; mais il
n'existe aucune trace légale de la formation des armées protestantes, ou du moins
les chefs avaient fait généralement revivre
les anciennes levées féodales, incorporant à
leurs vassaux tous les mauvais sujets qui se

présentaient, tous ces hommes dont le nom seul produit l'irritation.

Quand on fera de bonnes histoires de provinces, non sur les livres, ni sur des compilations toujours plus ou moins incomplètes ou menteuses, mais d'après les titres qui restent dans nos archives communales, plus riches qu'on ne croit, malgré les déssastres de la révolution, les ravages antérieurs des guerres civiles, et les spoliations exercées par des ministres tels que Richelieu, etc., on jugera beaucoup plus sainement la ligue et le parti dont elle repoussa les prétentions odieuses.

La haine qu'on inspirait à la soldatesque protestante contre tout ce qui tenait à la confraternité catholique, s'étendait surtout contre les religieux qui faisaient vœu de pauvreté et qui étaient les amis, les auxiliaires, les ambassadeurs, les orateurs du peuple. Cette haine s'était tellement enracinée dans le cœur de quelques-uns, qu'on vit des protestants rochellois, allant chercher fortune dans les terres nouvelles, se donner le plaisir de couper la tête à de pauvres moines espagnols rencontrés sur leurs pas au moment où ils débarquaient aux îles Canaries.

III.

Comment la réforme donna l'idée d'un retour à l'ancienne féodalité.

Mais remontons aux causes qui firent de la réforme, vulgairement considérée comme un affranchissement, un moyen beaucoup plus réel d'oppressions nouvelles ; examinons comment, pour avoir voulu briser des liens qui n'humilient point, qui, au contraire, élèvent l'âme, elle tomba dans une servilité avilissante ; comment, pour avoir soustrait les peuples au joug bienfaisant de Rome qui n'est que spirituel, elle les précipita sous autant de jougs à la fois spirituels et temporels, qu'elle compta de princes pour protecteurs ou seulement pour affiliés.

On a fort bien observé que cette *réforme*
si vantée, cette réforme née en Allemagne,
n'a pas reçu un nom allemand, mais a pris
le nom étranger de *réformation*. Les peuples ne donnent des noms qu'aux choses
par eux créées.

Il eût été étrange que la réforme reçût
un nom allemand, car jamais le peuple, en
Allemagne, n'a été réformateur dans le
sens scolastique et puéril de Luther. Le
peuple voulait, comme l'insurrection des
paysans de Souabe en 1522 et celle des
niveleurs de Westphalie en 1535 le prou-
vent, bien autre chose que cette réforme
née dans la cellule d'un moine orgueilleux,
nourrie dans les conciliabules de quelques
prêtres, la plupart débauchés et d'accord
seulement pour détruire, puis réchauffée,
propagée dans les antichambres de quelques
princes ambitieux et cupides.

Dans l'histoire des insurrections des paysans allemands, on voit Thomas Munzer et
les autres chefs trouver si peu d'appui et de
sympathie dans la religion protestante,

qu'ils se crurent obligés de fonder une religion nouvelle ; cette religion-caricature
avait pourtant cela de remarquable , que le
chef du nouveau gouvernement exerçait un
pouvoir souverainement religieux ; et dans
cette insurrection, mal combinée d'ailleurs
et souillée d'excès odieux , on rencontrait
encore le triomphe de la puissance spirituelle.

Au lieu de prêter une voix de paix et
de conciliation aux griefs des paysans qui
n'étaient autres, en général, que les premiers motifs, les motifs justes et purs de
notre révolution de 1789, Luther, fils d'un
paysan, tonnait contre ses frères, ennemis
naturels de ses protecteurs, et la noblesse
profitait à merveille de l'étonnement des
insurgés à l'aspect de l'homme le plus populaire de son siècle , les condamnant, les
foudroyant comme des fils du diable, quand
ils croyaient ne faire autre chose qu'exécuter les arrêts rendus dans ses écrits et
tirés par lui de la Bible, dont il était le traducteur en langue vulgaire.

Le peuple, à la suite de la guerre malheureuse des paysans, se trouva mis tout-à-fait hors de cause par la réforme, qui n'eut bientôt d'autres défenseurs que les princes et la noblesse.

En détruisant l'autorité spirituelle, en se refusant à reconnaître sa puissance, le protestantisme, pour braver cette puissance même, pour l'écraser ou pour se mettre à l'abri de ses coups, fut obligé de se placer lui-même sous l'égide du pouvoir temporel, et une fois dans cette fatale position, le besoin et l'habitude le réduisirent à se constituer le serviteur le plus obséquieux des puissances terrestres.

Le protestantisme conféra aux souverains un pouvoir nouveau, une suprématie ecclésiastique ; il les enrichit par la confiscation des biens du clergé, et il priva le pouvoir spirituel de cette indépendance qui, dans la lutte éternelle de ce bas monde, contribue à sa force.

Aussi des écrivains protestants reconnaissent-ils eux-mêmes que le clergé de

leur secte se distingua toujours du clergé
catholique par une plus grande servilité envers les princes ; car le clergé catholique a
toujours conservé dans ses relations avec le
despotisme un certain exercice de sa propre
volonté, et jamais il n'en est venu à cette
entière abnégation de soi-même où le protestantisme, malgré son principe du libre
examen, s'est laissé trop souvent amener.

IV.

Rien, dans le catholicisme, ne s'oppose au progrès
politique.

Ce principe du catholicisme, l'unité religieuse la plus étroite, et la maxime toujours vivante, *mon royaume n'est pas de ce
monde*, permettront toujours aux peuples
de s'avancer dans la voie des améliorations
sociales.

Si l'on a vu quelquefois l'Église empiéter
sur le pouvoir temporel, presque toujours
elle n'a eu en vue que le bien des peuples.
Les torts mêmes de quelques papes, en

tant que princes de la terre, ces torts si souvent et si aigrement reprochés, ont eu d'ordinaire pour cause première, sinon pour excuse, le besoin de réprimer la tyrannie de certains seigneurs, disons-mieux, de véritables brigands qui ne pouvaient plus être atteints que par la violence.

Comme princes temporels, les papes ont laissé subsister dans leurs états bien d'autres républiques que celle de *San-Marino*. On peut dire que toutes les communes des états ecclésiastiques, surtout dans les montagnes, sont autant d'innocentes républiques qu'un pouvoir central n'inquiète guère, et qui s'acquittent sans contrainte des charges générales si difficilement assurées ailleurs à grand renfort de préfets, de sous-préfets, de maires et de gendarmes.

Quels que soient les torts que nous avons indiqués, on est toujours forcé de reconnaître, l'histoire à la main, que, sans l'Eglise, il n'y avait plus de liberté possible en Europe au moyen-âge; car les empereurs et les rois qui cherchèrent à favoriser les communes n'auraient pu trouver un lien plus fort que celui de la religion.

Les Romains avaient aussi imaginé des associations, des colléges d'ouvriers, de bourgeois ; mais cela n'avait point de consistance. Ce n'était, comme toutes les institutions du régime impérial, qu'un moyen de lever plus facilement les impôts ; c'étaient des *solidarités* et non des *confraternités*. Les confréries chrétiennes, en se mettant sous la protection des saints, formèrent véritablement le tiers-état.

On s'est beaucoup moqué, dans le nord de la France, des confréries de pénitents du midi ; des pénitents blancs, bleus, noirs, rouges, gris ; mais si, dans ces provinces, les droits du peuple étaient plus respectés, si les bourgeois avaient plus de noblesse et les nobles moins d'arrogance que dans la France du nord, si les communes, même après Richelieu et Louis XIV, avaient conservé plus de franchises, n'est-ce pas aux associations religieuses, au principe catholique, que tous ces avantages étaient dus?

V.

Autres détails sur l'alliance des princes avec Luther.

Dans son traité en langue vulgaire, sur la puissance séculière, Luther, cet homme si inconséquent, si bizarre, si fantasque pour un réformateur, n'avait pas craint de dire : « Vous devez savoir que depuis le commencement du monde, c'est chose bien rare qu'un prince prudent, plus rare encore un prince probe et honnête; ce sont communément de grands sots ou de maudits vauriens. (*Maximè fatui, pessimi nebulones super terram.*) » Et il avait commenté amplement ce texte irrespectueux. C'était peut-être dans un de ces moments où les subventions convenues tardaient trop à venir, où les promesses faites ne s'exécutaient qu'avec lésinerie. Quoi qu'il en soit, ceux des princes d'Allemagne qui convoitaient les biens de l'Eglise , ne se tinrent pas pour offensés de ces injures qu'on pouvait au besoin regarder comme des amplifications de moine.

L'empereur vit au contraire qu'en attaquant l'autorité du pape et de l'Eglise, le théologien de Wittemberg ébranlait chaque autorité émanée de cette source ou qui s'y rattachait plus ou moins par une consécration primitive.

Cet arbitre de l'Allemagne , qui, dans ses rapports avec les villes , n'avait besoin que de la conviction réciproque de l'utilité de ces mêmes rapports, éprouvait de plus, en face des grands vassaux séculiers et ecclésiastiques, la nécessité d'une autre conviction que Luther menaçait de détruire.

Mais, de leur côté , aux premières démonstrations hostiles de l'empereur contre l'opposition religieuse qui cherchait à se recruter des partisans, les princes d'Allemagne , avides d'indépendance, excités par les criailleries de moines éhontés qui donnaient leur propre exemple en preuve de la dissolution des mœurs cléricales , et désirant que les esprits s'échauffassent de plus en plus pour pouvoir faire leur part meilleure au milieu du tumulte et de la subversion qui allait s'ensuivre , se mirent à caresser les prétendus réformateurs , les aidèrent de leurs propos de cour ou de leurs sarcasmes de soldats , et leur firent prendre un drapeau , leur inspirèrent un cri de guerre pour allumer autour d'eux ce fanatisme à l'aide duquel s'accompliraient plus facilement leurs vues de spoliation d'une part et d'indépendance de l'autre.

Piller l'Eglise et se détacher de l'unité que les empereurs, par diverses circonstances, étaient parvenus à resserrer de plus en plus , telles étaient donc les pensées de ces princes lorsqu'ils admettaient dans leur familiarité des moines apostats qu'ils n'estimaient point, mais dont les passions pouvaient leur devenir utiles.

Ainsi commença le protestantisme; ce fut une combinaison toute politique pour soustraire de grands vassaux à l'autorité impériale , à l'unité de l'état, et leur laisser prendre un pouvoir absolu. Les peuples avaient tellement l'instinct du peu d'avantage qui résulterait pour eux du nouvel ordre de choses , que le protestantisme ne s'établit que là où les princes crurent de leur politique de l'établir les premiers. Le protestantisme allemand ne fut à vrai dire, qu'une émancipation de princes ; on ne parvint à se faire aider par les populations qu'en excitant un fanatisme nouveau, le fanatisme de la Bible avec lequel devaient être commis tous les grands.crimes de cette époque.

VI.

Morcellement et faiblesse politique de l'Allemagne décidément amenés par l'œuvre de Luther.

Le protestantisme, par le fait seul de son apparition, rompit le faisceau national qui se formait en Allemagne , faisceau qui n'aurait pas été peut-être cette centralisation dont on se plaint en France, mais une communauté d'idées, de sentiments, de vues, une unité de but (le bien public partout), simultanément servie par des moyens divers.

Les princes ne peuvent chercher à se rendre indépendants d'un plus grand prince que pour devenir plus tyranniques envers les peuples. C'est l'histoire de la féodalité, et tous les inconvénients de la féodalité subsistent encore de nos jours en Allemagne, mitigés à peine par les idées de la philosophie moderne. Encore cette philosophie moderne paraît-elle ne voir dans les hommes que l'esprit, ce dont le catholicisme s'occupe mieux qu'elle, et ne pas songer du tout à ce corps dont la véritable philosophie et la véritable religion doivent également prendre soin.

Avec ses états si morcelés, si assujettis au *statu quo* politique dont les princes protestants ont su faire un principe, sinon patent, du moins inviolable de la réforme, l'Allemagne se trouve parquée en une infinité de centres de civilisation où rien de

salutaire au peuple ne se dégage de la fer-
mentation des idées. Toutes ces lumières
dont elle cherche à tirer tant de gloire,
sont comme des blocs de cristal qui relui-
sent au soleil, qui jettent un vif éclat, mais
qui n'ont point de chaleur; ce sont des
glaciers produisant de beaux effets d'opti-
que, et rien de plus.

Si l'on veut chercher des améliorations
dans le sort du peuple, c'est dans l'Allemagne catholique qu'il faut aller; l'Allemagne protestante en est encore à cet état
dont Luther lui-même se plaignait en
1541, cinq ans avant sa mort, lorsqu'il
disait : « L'Allemagne a été, et elle ne sera
jamais ce qu'elle a été. La noblesse ne pense
qu'à demander, les villes ne songent qu'à
elles-mêmes, le voilà divisé avec lui-même
ce royaume qui a dû tenir tête à cette armée de démons déchaînés dans l'armée
turque. »

Luther voyait bien qu'en travaillant à ré-
tablir l'Evangile dans sa pureté primitive,
il n'avait fait que fournir aux puissants du

siècle les moyens de satisfaire leurs ambitions terrestres , et qu'ils faisaient chaque
jour bon marché du Christ qu'il avait cru
devoir leur prêcher.

Les villes , d'autre part, aimèrent à se
persuader que la nouvelle alliance des empereurs avec le pape , renfermait des périls
pour elles. Leur esprit d'indépendance dut
les pousser vers la réforme ; en quittant l'empereur, elles prirent pour alliés les princes
protestants qui devinrent les protecteurs
naturels de l'aristocratie bourgeoise.

Les forces des villes qui étaient considé-
rables entraînèrent le succès du protestantisme , la scission et la décomposition du
pays. Il n'y eut plus rien de populaire dans
les bourgeois des villes alliés à la haute noblesse. L'aristocratie bourgeoise eut ses exigences, ses tyrannies d'autant plus acerbes
qu'elles s'exerçaient de moins haut , et la
tendance à l'égalité des droits s'effaça toujours plus.

VII.

Faiblesse morale du protestantisme.

Pour fonder quelque chose d'utile, pour jeter la fécondité sur la terre allemande, il ne suffisait pas de se montrer ennemi acharné du pape, il fallait faire autant que la papauté ou le catholicisme avait fait, et ce n'était pas avec le mariage des prêtres qu'on pouvait y parvenir.

Il n'y avait pas loin du mariage des prêtres à ces paroles de Luther : « Il suffit que le peuple communie trois ou quatre fois par an et publiquement. La communion donnée séparément aux particuliers deviendrait un poids trop lourd pour les ministres, surtout en temps de peste. Il ne faut point d'ailleurs rendre ainsi l'Eglise avec ses sacrements l'esclave de chacun, surtout de ceux qui la méprisent et veulent cependant qu'à tout événement elle soit prête pour eux qui ne font jamais rien pour elle. »

Mais si l'Eglise catholique fait encore et a toujours fait, *surtout en temps de peste*, tout le contraire de ce que Luther conseille aux siens, on ne voit pas ce que l'humanité a gagné à l'introduction du protestantisme, bien inférieur sur ce point de la charité comme sur bien d'autres à l'islamisme même, à cette religion des Turcs avec lesquels Luther aimait tant à confondre les papistes.

La dureté avec laquelle Luther parla de la défaite des paysans et de Munzer, à quelque atroces violences qu'ils se fussent portés, s'explique fort bien. Il ne pouvait pas leur pardonner d'avoir compromis le nom de la réforme ; et les allocutions qu'il adressa d'un côté aux grands, de l'autre aux paysans sont d'une telle tartufferie qu'elles ressemblent plus à une belle scène imaginée par Molière, qu'aux discours présumés sérieux d'un réformateur.

Il disait donc aux paysans dont les douze articles ne renfermaient en général que justice et raison, et les ministres qui interrogèrent Jean de Leyde, disaient aussi : « Que le chrétien doit souffrir et ne point résister au méchant. »

Nos prêtres nous disent aussi qu'il faut souffrir; mais au besoin ils souffrent avec nous, ils cherchent à alléger nos souffrances, ils tonnent même contre nos oppresseurs, et si quelquefois il leur arrive de s'en abstenir, c'est qu'ils manquent alors à leur propre loi, c'est qu'ils violent leur sacré caractère. Du moins, ils n'ont jamais dit aux chrétiens qu'on pillait, qu'on égorgeait devant eux, qu'un chrétien doit souffrir sans raison, et que les richesses de ce monde ne sont pas faites pour lui.

Mais, qu'attendre d'une prétendue religion qui fait si peu de cas des bonnes œuvres? C'était peu d'avoir aboli la plupart des cérémonies, d'avoir réduit les exercices religieux à une prédication plus ou moins chrétienne, d'avoir fermé les temples pour toute la semaine, de ne les ouvrir que pour les moments précis du culte, d'interdire ainsi aux cœurs affligés, aux âmes en peine, aux esprits poursuivis de tentations l'accès de la demeure de Dieu, de la maison de calme et de paix, de la forteresse où l'on peut venir à toute heure implorer des secours; Luther, en reprochant aux anabaptistes de faire consister la justice, non pas dans la foi seule, mais dans la foi et les bonnes œuvres ensemble; Luther, en faisant de la foi l'unique mérite du chrétien, avait mis obstacle à ce que la religion du Christ continuât d'être un véhicule social.

En vain disait-il quelquefois qu'on l'accusait injustement de n'avoir jamais enseigné les bonnes œuvres; en vain à Jeckel, prêchant : « Fais ce que tu veux, crois seulement, tu seras sauvé, » avait-il opposé cette autre maxime : « Quand tu seras *rené* et devenu un nouvel homme, fais alors ce qui se présentera à toi » ; la *renaissance* pouvant n'être et n'étant au fond qu'une haine aveugle et de commande contre le pape et les papistes, on voit ce que c'était que la foi de Luther, et si, avec elle, on pouvait être juste.

Aussi jamais religion ne fut plus stérile que le protestantisme; jamais culte public n'eut moins d'efficacité; c'est une des raisons pourquoi l'autorité civile a maintenu toutes ses rigueurs dans les pays protestants, pourquoi la puissance légale est restée telle que le despotisme féodal l'avait faite, pourquoi l'égalité de tous devant la loi a été si constamment proscrite même dans cette Angleterre que ses habitants peuvent bien appeler par orgueil une terre de liberté, mais qui n'est au fond qu'une terre de priviléges, de dîmes, d'humiliation pour le pauvre, d'omnipotence pour le riche, une terre où les paysans sont encore indirectement attachés à la glèbe, où les serviteurs des champs doivent mourir dans la ferme au voisinage de laquelle ils eurent le malheur de naître, où le petit propriétaire, après toutes sortes de tribulations, voit inévitablement passer sur sa chaumière, sur son jardin, sur ses chères cultures, la charrue du grand propriétaire, son voisin, etc., etc,

Aussi les protestants voyant l'insuffisance de leur foi, ont-ils voulu qu'on pût donner à la morale une haute importance séparément de la religion. Ils ont partagé l'erreur des philosophes, qui prétendent qu'avec leurs seules maximes la morale peut faire des progrès. Mais elle n'est que la pratique des vertus prescrites à l'homme depuis le commencement du monde, et la religion a pour tâche d'en consacrer les principes.

Ces principes, le catholicisme a seul l'avantage de les consacrer tous; et le protestantisme, dans son origine, en a nonseulement relégué dans l'ombre ou même éliminé quelques-uns, mais en se rapprochant toujours plus de ce qu'on appelle improprement la religion naturelle, elle les a tous laissés sans consécration, sans appui; car la religion naturelle est un vain mot, c'est une religion qui ne lie rien, qui n'assujettit à rien, c'est la perte de toute affection, c'est un pur égoïsme, un isolement absolu, le néant du cœur.

Au reste, les triomphes de Luther ne

furent pas si complets que la partie saine de son âme ne se révoltât, sur la fin de ses jours, contre les conséquences de son œuvre. Il avait fini par regarder Wittemberg comme une véritable Sodome ; avec un peu plus de franchise dans sa fausse opinion, peut-être aurait-il dit comme une Rome nouvelle. Une prédiction écrite de sa main et trouvée après sa mort dans sa bibliothèque, porte ces mots : « Les nôtres, maintenant qu'ils sont libres des lois du pape, veulent encore l'être de la loi de Dieu, ne suivre que des motifs politiques et ne les suivre encore que selon leurs caprices. »

Voilà bien la réforme jugée par son auteur aussi sévèrement que l'histoire impartiale commence à le faire aujourd'hui.

VIII.

Effets généraux de la réforme en Allemagne.

La réforme religieuse, dont une philosophie à vues courtes fait généralement un titre d'honneur à l'Allemagne, peut être considérée avec plus de raison comme la source de toutes les défectuosités, de toutes les inconséquences, de toutes les absences de bien et de mieux qu'on reproche à ce pays.

Si le peuple allemand n'est pas une nation, si c'est une terre sans citoyens, si ces deux mots : *nation* et *citoyen* n'ont point d'analogue dans la langue de Germanie, n'est-ce pas au protestantisme qu'on doit surtout attribuer ce tort ? Quand ces nobles termes ont signifié quelque chose dans le reste de l'Occident, ils n'avaient sans doute aucune valeur pour l'Allemagne; autrement elle les eût adoptés.

Du moment en effet que la confession d'Ausbourg eut fondé une religion nouvelle sur le principe d'opposition que Luther avait mis en avant, ce principe lui-même fut détruit. Le luthéranisme, une fois constitué en religion positive, en église séparée, se rendit plus stationnaire, plus pétrifié en quelque sorte, plus impropre à tout mouvement heureux qu'il ne fut jamais au pouvoir des catholiques de le devenir. En prescrivant des limites à l'examen religieux, lui qui avait commencé par franchir les limites depuis si long-temps respectées, il se donna la mort. Ce fut un suicide après un parricide avorté.

Le luthéranisme se trouva dès lors dans cette fausse position où se trouvent tous les révolutionnaires qui veulent arrêter le mouvement donné par eux-mêmes. Quand ils s'aperçoivent — toujours un peu trop tard, mais c'est la punition ordinaire de l'orgueil — que ce mouvement mène trop loin, il ne leur reste à prendre quelque force d'arrêt qu'en dehors d'eux-mêmes, et si cette force ne peut plus être que matérielle, comme c'est presque toujours le cas, l'œuvre qu'ils ont accomplie prend plus les caractères de la matière, c'est-à-dire la mobilité, la corruptibilité, et, au bout du compte, l'inanité.

Ainsi, l'Allemagne, par l'œuvre de Luther et par les divisions que cette œuvre amena, perdit son unité nationale, son imagination productive; les liens qui ratta-

chaient les esprits de la nation à la vie
antérieure et historique furent à jamais
brisés; il résulta de cette lacune l'inter-
ruption du développement de ses facultés
intellectuelles qui, avant même le grand développement du reste de l'Europe, avaient
promis d'être si brillantes; il en résulta encore la dispersion de ses forces matérielles
et la suppression pour deux siècles d'une
partie de ces mêmes forces.

Les *minnesaengers* (troubadours nobles)
avaient commencé la guerre de paroles
contre un clergé dont ils étaient jaloux; les
meistersaengers (troubadours bourgeois),
en partageant l'injuste animadversion des
chevaliers contre le clergé, n'avaient pas
renoncé toutefois à leur haine contre la
noblesse, dont les vices et la tyrannie
leur faisaient horreur. Luther fit moins
qu'eux en combattant ce qu'il pouvait y
avoir d'exigences et d'abus chez les prêtres,
sans penser à l'extravagance de la noblesse.
En voulant faire une réforme religieuse
pour laquelle on n'avait pas besoin de lui,

et dont s'occupaient des esprits beaucoup plus réservés, il anéantit toutes les espérances d'une réforme sociale, et par les armées de la guerre de Trente ans, il fit noyer dans le sang des peuples le germe des améliorations qui étaient dans la pensée des sages, et qui n'attendaient plus que des occasions favorables pour se traduire en faits.

Les races germaniques avaient embrassé avec ferveur la religion chrétienne, dès que la voix éloquente de saints prêtres, et non plus le glaive de Charlemagne était venue la leur prêcher. Les fables molles et ridicules du paganisme romain n'avaient pu trouver accès dans ces imaginations pénétrées de l'imposante mythologie du Nord, et que des rêveries nobles et énergiques avaient préparées aux dogmes sévères, aux inspirations profondes du christianisme.

Elles se considérèrent elles-mêmes comme plus aptes à fonder un empire ayant pour principe la propagation de la foi, et l'état qu'elles formèrent fut appelé le *Saint Empire romain*, dénomination par laquelle le pouvoir de l'empereur fut regardé comme provenant de la puissance spirituelle, et comme une émanation immédiate de l'autorité papale.

Le représentant d'une puissance qui marchait côte à côte, si l'on peut dire, avec la papauté, exerçait une influence plutôt morale que matérielle. Par une suite des rapports de l'empire allemand avec l'Église, l'éligibilité des empereurs répondit à l'élection des papes ; mais l'unité politique, nécessairement formée par des intérêts de ce bas monde, ne put répondre à cette unité spirituelle qui sait jeter un pont immense et merveilleux entre le moment présent et l'avenir.

Des princes qui élisaient leur chef pour un autre but que pour assurer le royaume de Dieu, cherchaient trop à consolider leurs intérêts propres, et si les races germaniques, par excès d'amour pour la liberté et l'indépendance personnelles, crurent d'abord avoir bien fait en restreignant l'autorité impériale, elles ne tardèrent pas à s'apercevoir qu'au lieu d'un chef-unique elles avaient intronisé des centaines de maitres, dont il leur fut bientôt impossible de voir s'adoucir le joug ; car les grands vassaux, oppresseurs du peuple, trouvaient toujours un appui chez des princes étrangers que les prétentions des empereurs sur l'Italie tenaient constamment en éveil ; et quelquefois même ils reçurent des pontifes de Rome les moyens de s'agrandir en récompense de services patents ou cachés rendus à propos dans les expéditions allemandes au-delà des monts.

Un Philippe-Auguste, un Henri VIII, un Ferdinand d'Aragon qui domptèrent tant de vassaux par des moyens violents, se trouvèrent impossibles en Allemagne. La position peu ferme des empereurs et les guerres continuelles qu'ils étaient obligés de faire, avaient augmenté d'une manière effrayante le nombre des seigneurs indépendants. Il était à craindre qu'ils n'envahissent toutes les existences du pays et qu'ils ne parvinssent à faire leurs serfs de tous les habitants, ainsi qu'il était arrivé en Pologne où la puissance royale était tombée au-dessous même de celle des empereurs germains.

Les bourgs n'étaient plus que des cages de fer, où une multitude de tyranneaux enfermaient les populations qui leur étaient assujetties et dont ils exploitaient les travaux pénibles. Les empereurs favorisèrent l'élévation des villes allemandes dans lesquelles les populations des campagnes cherchèrent asile. Ces villes s'affranchirent et se constituèrent bientôt en petites républiques, sous la protection immédiate des chefs suprèmes de l'empire auxquels elles portèrent en même temps une force toujours croissante, et qu'au besoin elles aidaient surtout de leur argent.

Par toutes ces complications, l'Allemagne avait au seizième siècle une constitution liée à un pouvoir temporel assez fort pour imposer respect à ses voisins, une représentation du peuple qui aurait fini par lui garantir toutes ses libertés et son action spontanée sur les affaires de la patrie, une diète assez nombreuse dont les villes faisaient partie avec les princes. Le plus aimable, le plus national, le plus chevaleresque souverain que l'Allemagne ait eu, Maximilien, avait en quelque sorte fermé la porte du moyen âge, et son successeur, Charles-Quint, unissant les couronnes de l'Espagne et de l'Allemagne sur sa tête, avait acquis une puissance telle qu'aucun prince de l'Europe n'en avait possédé de pareille depuis Charlemagne. La maison de Habsbourg paraissait devoir établir pour toujours un pouvoir vraiment royal et par conséquent l'unité du pays au sein des races germaniques; une marche nationale de toutes les forces du peuple réuni s'avançait vers un but commun, lorsque la réforme parut et refoula de nouveau l'Allemagne dans la déplorable anarchie féodale dont elle était à la veille de sortir.

IX.

Autres résultats de la réforme.

Après avoir indiqué les préjudices causés par la réforme à l'Allemagne dans son économie religieuse, dans son unité nationale, dans le maintien de ses libertés, il ne paraîtra pas bien important peut-être de rechercher les torts dont peuvent se plaindre en ce même pays la langue, la littérature et les beaux-arts. Toutefois cette seconde face de la question a bien aussi quelque intérêt ; elle nous forcera d'ailleurs à revenir un moment sur les grands effets de la réforme ; ils ne sauraient être assez développés, assez remis sous les yeux.

L'histoire de la guerre de Trente ans reflète avec beaucoup d'exactitude le caractère du protestantisme. Dans cette guerre, qui fut quatre fois sur le point de s'assoupir par suite de l'épuisement des chefs, et qui fut quatre fois réveillée par les influences étrangères ainsi que par des ambitions particulières, on ne voit, à l'exception de Maximilien Ier de Bavière (1), qui était catholique, aucun de ces caractères vraiment grands et sincères qu'une noble cause, une cause embrassée par conviction, met toujours en évidence.

Dans tout le cours de cette guerre, on chercherait en vain, même parmi le peuple, le fanatisme d'une lutte religieuse ; point de martyres, mais des massacres de part et d'autre et des fuites honteuses dans l'occasion. D'un côté, *la noce de Magdebourg*, présidée par le catholique Tilly, et de l'autre l'épouvantable torture connue sous le nom de *schwedentrunck* (boisson des Sué-

(1) C'est auprès de ce Maximilien de Bavière que vivait le P. Jérémie Drexelius, l'un des meilleurs écrivains latins que l'Allemagne ait produits, et que la cour catholique de Munich opposait avec fruit aux prédicateurs des cours protestantes. La Société reproductive a déjà traduit plusieurs des écrits de cet ingénieux jésuite, dont les protestants eux-mêmes ne pouvaient s'empêcher de faire le plus grand cas.

dois). Partout la dévastation, le pillage ; partout les crimes d'une soldatesque effrénée, plus mercenaire et cent fois plus féroce que les bandes des *condottieri* italiens ; et cela, parce qu'il avait plu à quelques princes d'introduire arbitrairement une religion à leur guise dans les états qu'ils tenaient de l'empire, une religion dont ils avaient osé se déclarer les chefs, afin de réunir en leurs personnes deux pouvoirs qui, pour le bien des peuples, doivent être éternellement séparés, et pour dépouiller à leur profit le clergé catholique. Puis, venait l'intervention étrangère sur l'invitation des protestants, autre grief que l'Allemagne doit imputer à la réforme.

Quand le traité de Westphalie consolida la scission, le morcellement, l'entrelacement des états et fit de l'Allemagne une si étrange mosaïque, il n'y eut plus rien de commun entre tous ces grains de poussière imbibés de sang, que l'horrible souvenir d'une guerre qui avait tout épuisé, tout ruiné au moral et au physique, tout anéanti.

On peut dire que pendant quatre géné-
tions au moins, l'Allemagne ne vécut que du
souvenir de ses maux. Les princes profi-
tèrent de ce morcellement funeste, de cette
lassitude douloureuse pour arrêter le développement d'une législation nationale qui
commençait à naître d'une heureuse con-
currence entre les coutumes du pays, les
statuts des villes et le pouvoir impérial; ils
purent dès lors imposer à leurs sujets, avec
plus ou moins d'intention maligne, ces
codes romains, arsenal d'absolutisme, qu'à
ce titre les vieux Germains avaient toujours
repoussés; en même temps la proscription
du catholicisme ôta pour eux surtout le
contre-poids qui s'était rencontré contre les
abus d'une entière liberté individuelle; et,
d'autre part, la jalousie, l'inquiétude de
tous ces princes, les portèrent sans cesse à
planter des barrières infranchissables entre
leurs sujets et ceux des états voisins, à
soumettre l'éducation, les sciences, l'administration, la justice tout entière à un
système de cantonnement contraire à ces

développements de l'intelligence que la
perte de la langue commune, suite de
cette difficulté de communications, rendit
bientôt impossibles. Cette langue, recueillie
avec beaucoup de pureté par Luther lui-
même dans sa traduction de la Bible, cette
langue, qui avait fait entendre de nobles
chants, même avant le Dante, se divisa en
une foule de dialectes ou, pour mieux dire,
se perdit comme le Rhin dans les sables.

Quand l'Allemagne, par émulation, a
voulu avoir une littérature, il a fallu qu'elle
reconstituât, qu'elle reprît à neuf le vêtement de ses pensées, et ce vêtement n'a
pu servir au peuple; la langue littéraire est
restée aristocratique, comme le protestantisme, et plus accessible encore aux étrangers qu'aux pauvres naturels du pays, ainsi
que toute aristocratie l'est d'ordinaire.

On est donc fondé à dire, contre l'opinion de certains faiseurs d'antithèses qui se
donnent pour historiens, que si la réforme
fait époque dans la littérature ainsi que dans
l'histoire allemande, c'est bien plutôt comme

œuvre de destruction que de régénération.
Le monde, depuis le premier cri poussé
par Luther, a mis quatre siècles à fausser
toutes ses idées ; et les Allemands, si avancés
dans les théories politiques, se trouvent
encore fort en arrière des Français dans la
pratique des idées de liberté ; il y a beaucoup à faire chez eux pour les amener à l'a-
mour d'une autre liberté que celle de rai-
sonner sans fin, de ressasser infatigablement
des idées qui n'ont et ne peuvent avoir d'application raisonnable.

La réforme a fait révolution parmi les
peuples, mais sans remuer leur âme par
les inspirations du génie ; elle a créé d'in-
nombrables sectes religieuses et n'a pas
donné un livre religieux au genre humain.
Le néo-christianisme, cet embryon d'une
seconde réforme, malgré l'incontestable talent d'un de ses promoteurs, n'a pas produit non plus une seule phrase de tout
point religieuse. Ce n'est pas que Jean
Huss, Luther, Calvin, Zuingle, et celui
qu'on pourrait appeler leur émule parmi

nous, aient épargné l'encre et le papier.
Les vieux réformateurs écrivaient, impri-
maient, prêchaient ; mais rien n'est resté
d'eux, rien n'a surnagé dans cet océan de
paroles ; leur doctrine a été détruite par
leur doctrine ; et en ceci, leur émule l'em-
porte même sur eux ; car c'était par leurs
disciples qu'ils étaient d'ordinaire dépassés,
rejetés dans l'oubli ; leur émule, au contraire, semble avoir pris à tâche de se pul-
vériser lui-même. Les deux volumes in-folio
de Jean Huss, les neuf in-folio de Calvin,
les quatre cents ouvrages de Luther n'ont
plus de lecteurs hors de leur communion, ou
du moins de ce qu'on peut nommer ainsi
par habitude ; comme leur émule ils ont pu
faire vibrer les passions d'un siècle, ils ont
pu dans ce siècle appeler à eux quelques
groupes populaires ; ils n'ont pas eu le don
de parler à l'humanité.

A peine la confession d'Ausbourg eut-elle
été rédigée qu'on vit pleuvoir confession sur
confession ; au bout de soixante ans on fit ce
qu'on appelait des pactes fondamentaux ;

mais chaque pays de l'Allemagne, la Suisse, la France protestante, voulurent avoir leurs pactes. Chaque pacte nouveau abolissait l'ancien, comme de raison. Toujours des grains de sable que le vent de l'orgueil met en mouvement et qui en font rouler d'autres au fond de l'abîme où ils ne tarderont pas de les suivre ! Aussi, de nos jours, les opinions sont si divergentes dans le protestantisme, le fractionnement est si considérable que, depuis l'homme élevé qui veut établir une liturgie commune à toutes les sectes provenant de la réforme, jusqu'à ceux qui, à Genève par exemple, traitent de *momies* les adhérents à quelques débris de foi, il y a bien plus de nuances que les musulmans, si odieux à Luther, ne comptèrent de sectes parmi les enfants de Mahomet (1).

Mais d'où viennent surtout ces divisions ?

___

(1) Quelques siècles après l'établissement de l'islamisme, on portait généralement à 72 le nombre des sectes musulmanes, et celui des sectes protestantes est de 2,000.

8.

Quelle est la cause première de ces anihilations inévitables et successives? Pourquoi le don de parler à l'humanité a-t-il été refusé à tant d'hommes de talent? Pourquoi n'ont-ils jamais présenté que des phrases à l'oreille sans inspirer des sentiments au cœur? Qu'est-ce donc qui leur manquait?

Ici nous devons chercher à faire mieux connaitre l'esprit, le mobile de Luther, de ses disciples, de ses imitateurs.

X.

Autres considérations sur l'esprit du protestantisme.

Luther, cet homme pétri de superstitions, qui avait toujours le diable à la bouche, qui le lançait à l'encontre de tous ses adversaires, qui prétendit quelquefois avoir pensé, avoir écrit par son inspiration et sous sa dictée, cet insensé qui jetait à pleines mains dans ses écrits le bouffon, le grotesque, le plat et parfois même le sublime, parce qu'il se regardait comme un homme prédestiné, parce qu'il prenait pour divins tous les mots qui tombaient de sa plume, parce que l'orgueil, dans sa tête comme dans celle de Marat et des hommes de cette trempe, était porté au dernier degré d'exaltation; Luther fut le prototype du protestantisme. Un vrai protestant, lorsqu'il dit *moi*, a toujours la bouche aussi enflée que celle de son maître, et le cœur aussi vide. La réforme en un mot a remplacé la charité par l'égoïsme.

Il serait trop long de suivre l'égoïsme, de montrer son signe ineffaçable dans toutes les institutions, dans toutes les œuvres dont le protestantisme se glorifie le plus. S'il est des habitudes qui soient des indices plus certains d'un égoïsme intense, invétéré, ce sont à coup sûr celles de la superstition. Les pratiques superstitieuses sont répandues parmi les protestants à un point que difficilement on se résout à croire. On parle surtout de la *Stichomantie* qui consiste à consulter la Bible en l'ouvrant au hasard pour y lire dans le premier verset qui s'offre aux yeux, la réussite ou le non succès d'une entreprise qu'on a formée, et même la décision d'une difficulté théologique. C'est parmi les méthodistes, secte aujourd'hui si répandue, et dont un hôtel fameux de Paris est devenu la métropole en France, que la *Stichomantie* est principalement accréditée.

Il ne sera pas hors de propos de rappeler à cette occasion de belles paroles prononcées par M. Portalis père, dans son rapport au corps législatif sur la loi du **18** germinal an **X** : « Loin que la superstition soit née de l'établissement des religions positives, dit ce grave et respectable orateur, on peut affirmer que, sans le frein des doctrines et des institutions religieuses, il n'y aurait plus de terme à la crédulité, à la superstition, à l'imposture. Les hommes, en général, ont besoin d'être croyants pour n'être pas crédules ; ils ont besoin d'un culte pour n'être pas superstitieux. » On peut ajouter qu'ils ont besoin du catholicisme pour renoncer pleinement à rattacher leur

existence mortelle aux oracles de la superstition.

Et la philantropie, cet égoïsme déguisé,
qu'a-t-elle donc fait avec tous les moyens
inventés par elle, pour arrêter les flots
déchaînés de la foule?

Nous le répétons, un seul remède reste
à la société : le catholicisme. Seul, le catholicisme sait inspirer aux hommes l'abnégation de soi-même ou du moins la résignation
nécessaire pour supporter les souffrances
qui résultent nécessairement de l'inégalité
sociale. Seul, le catholicisme inspire, en-
gendre la charité !

Il y eut, avant Luther, un autre moine
qui s'était proposé aussi do réformer la
société, mais en réformant le catholicisme,
sans vouloir toutefois se séparer de Rome ;
malheureusement la prudence plus que
l'humilité lui fit défaut, et il succomba ;
mais le pontife même qui autorisa sa condamnation, en eut du regret et donna des
larmes à sa mort. Ce pontife était celui-là
même à qui l'on reproche le plus d'abus et

d'excès dans l'exercice du pouvoir temporel, de ce pouvoir dont les papes, à une certaine époque, ne pouvaient se démettre sans s'exposer à être froissés dans toutes les collisions, dans tous les chocs des puissances terrestres.

L'infortuné Savonarole avait un tout autre point de départ que Luther, et ce point de départ était vraiment l'Evangile, l'Evangile prêché et pratiqué, l'amour des hommes et non point la haine du pape, la charité enfin.

Savonarole ne fut pas le seul en qui germa le désir de voir se dissiper certains brouillards qui étaient venus ternir l'antique éclat du catholicisme. Sous les yeux de Léon X, plusieurs ecclésiastiques, la plupart remarquables par leurs talents et leur éloquence, se réunirent dans le dessein de concourir à régénérer l'Eglise, à renouveler, à raviver la foi chrétienne, à opérer une réforme sans commotion. Contarini, Sadolet, Caraffa, Giberto, Lippomano, Réginald Pole opposèrent une ligue pieuse

à l'envahissement des prétentions du s... ...
et des voluptés de la terre. Mais les excès
du protestantisme les eurent bientôt ré-
voltés, épouvantés. On pourrait croire d'a-
bord qu'avec plus de courage il était en
eux de donner une impulsion qui aurait
sauvé l'Europe; il paraît cependant qu'ils
étaient trop près du Saint-Siège pour que
les grands et les princes à qui la réforme
de Luther convenait, leur eussent permis
de faire sentir au loin leur influence. Tout
ce qu'ils purent, ce fut d'aider à préserver
l'Italie, à faire marcher les esprits vers la
correction des abus, à la faire désirer à
tout le monde, c'est-à-dire à tous ceux qui
étaient de bonne foi, et sur ce point il
fallait excepter la plupart des grands et des
princes. Pour ceux-ci, à Rome, il y avait
toujours une image de Grégoire VII qui
les poursuivait, de ce Grégoire VII en
qui s'était personnifiée la démocratie du
moyen-âge, qui, élevé au pontificat vers
la fin du onzième siècle, et jetant les
yeux sur l'Europe qu'il devait gouverner

pour le ciel, vit d'un côté la féodalité se lézarder déjà comme un arsenal fraîchement bâti et trop plein, tandis que de l'autre les ressources du peuple commançaient à poindre partout comme les blés en avril, double spectacle qui lui fit comprendre que c'était à lui et aux autres successeurs de saint Pierre de recueillir cette moisson de liberté et de charité qu'avait semée la parole du Christ. Trois ans après son avénement, Grégoire VII avait publié une décrétale qui défendait à ses successeurs de soumettre leur nomination à la puissance temporelle; dès lors la chaire pontificale se trouva placée au même étage que le trône de l'empereur, et même au-dessus; dès lors le peuple eut son César; dès lors aussi le despotisme eut les yeux sans cesse tournés vers Rome pour la calomnier, pour la harceler, pour la repousser, pour la combattre à force ouverte ou par ruse; vains efforts qui, à chaque recrudescence de haine mondaine font correspondre un retour de grâce divine et de ferveur chrétienne.

XI.

Le schisme d'Angleterre.

Nous avons vu comment la plus commune et la plus désastreuse des folies, celle de l'orgueil, avait, à la voix arrogante d'un moine, arrêté tout à coup l'Allemagne dans ses progrès politiques, la détournant, comme à plaisir, de cette sorte d'unité qui interdit et repousse les petites tyrannies et permet d'asseoir des institutions libres. En Angleterre, un autre spectacle se présente : la même folie se joignant à une passion privée non moins funeste, rompt aussi comme à plaisir le faisceau que le dernier roi, Henri VII, dit le Salomon anglais, venait de former; et, aux guerres fatales entre deux dynasties, succède une interminable guerre entre le pouvoir et les consciences, entre la cupidité et le devoir.

Une des clauses secrètes de l'union du prince de Galles avec une fille de Ferdinand d'Aragon exigeait, à dessein d'affermir la couronne dans la famille des Tudor dont Catherine épousait l'aîné , qu'on fît mourir le jeune comte de Warvick , le dernier mâle des Plantagenets ; et, pour mieux convaincre Ferdinand et lui ôter toute crainte de commisération, on avait même cru devoir trancher la tête au prince dans la tour de Londres , en présence du chancelier de Castille.

Cette union cimentée par le sang n'avait pas été heureuse ; le prince de Galles avait bientôt rejoint dans la tombe la victime qu'on lui avait immolée, et les mêmes motifs d'alliance subsistant toujours, la jeune veuve, munie des dispenses légales, épousa le frère du défunt.

Catherine n'avait pas des attraits bien puissants, des grâces bien vives ; mais c'était une honnête femme , ne se mêlant d'aucune intrigue, pleine d'attachement et de respect pour son mari, la femme, en un mot , qui convenait le mieux à Henri VIII pour jouir de ce bonheur, de cette paix domestique dont nous aimons à croire que les rois sentent le prix aussi bien que nous.

Peu de reines ont pratiqué sur la terre autant de vertus privées que Catherine. Des mœurs simples, le goût de la retraite, l'amour de l'ordre formaient le fond de son caractère; les soins domestiques, la prière et le travail étaient son occupation. Ses actes n'avaient point d'éclat, son âme était plus pure qu'élevée; mais le peu de talents était bien compensé par l'absence de toute prétention. La défiance où elle était d'elle-même l'aurait toujours éloignée des affaires, si la volonté du prince ne l'en avait rapprochée quelquefois. Le devoir était sa loi suprême; on ne s'aperçut jamais qu'elle le remplit imparfaitement et avec répugnance.

Henri VIII, au commencement de son règne, n'avait que les meilleurs et plus assidus rapports avec la cour de Rome; il en était même aux caresses; et quand Luther eut arboré le drapeau de l'insurrection théologique, le monarque anglais se fit faire par ses grands amis d'alors, l'évêque de Rochester et Thomas Morus, un livre auquel il mit son nom, qu'il intitula : *Défense des sept Sacrements contre Luther,* et qu'il dédia au pape Léon X.

Henri VIII finissait son livre en exhortant les princes chrétiens à détourner leurs oreilles des impiétés luthériennes ; à ne point entretenir ces schismes et ces discordes ; à ne point se laisser souiller par les hérésies que semait un homme sans charité, plein d'orgueil, appuyé de faibles raisons, et poussé uniquement par l'envie et la jalousie ; enfin à s'élever contre cette hérésie naissante avec le même courage et la même force qu'ils s'élèveraient contre les Turcs, les Sarrasins et les infidèles.

Luther ne crut pas devoir répondre à un théologien couronné autrement qu'à tout autre antagoniste, et le roi d'Angleterre aurait dû s'y attendre. Il se montra fort offensé de l'emportement du réformateur, et porta ses plaintes aux princes d'Allemagne. Luther se ravisa ; au mouvement irrésistible d'orgueil, succéda un petit cal-

cul de bon sens, et il écrivit une lettre
modérée où même il demandait pardon de
ce qui avait pu lui échapper d'intempestif.
Il disait entre autres choses pour s'excuser,
que ce livre, tout illustré qu'il fût du nom
de sa majesté, n'était point d'elle, mais de
quelques personnes qui avaient abusé de
son nom, et il citait en particulier Volsey,
cardinal d'Yorck, l'appelant la peste du
royaume d'Angleterre. Luther témoignait
de plus qu'il croyait sa majesté favorable à
ce qu'il appelait *l'Evangile*, c'est-à-dire sa
doctrine à lui, et tâchait de se justifier pour
avoir écrit contre l'Eglise et contre le pape.
Il finissait en souhaitant que le roi d'Angleterre devînt bientôt disciple du Christ,
et fît profession de *la doctrine évangélique.*
Cette lettre est du 1ᵉʳ septembre 1525.

En même temps, le pape honora Henri,
lui et ses successeurs, du titre de *défenseur
de la foi*, titre sollicité depuis cinq ans et
qui ne fut pas long-temps mérité.

Henri VIII répondit à la lettre de Luther
en se déclarant l'auteur du livre lancé con-

tre lui ; il repoussa la manière outrageuse dont le théologien de Wittemberg traitait le cardinal d'Yorck, et se montra aussi attaché à la doctrine de l'Evangile et de l'Eglise, qu'opposé aux opinions faussement appelées par Luther *doctrine évangélique.* Il reprochait au novateur sa témérité, ses impiétés, son obstination, ses déréglements, les mouvements et les guerres dont il était cause, déclarant qu'il ne lui répondrait plus, car il voyait bien que cela était inutile. Enfin, il l'exhortait ou à révoquer publiquement ses erreurs ou à s'enfermer dans un monastère pour les pleurer le reste de ses jours.

Ce fut l'évêque de Rochester qui entreprit dogmatiquement la défense de son roi, dans un traité contre la réponse de Luther.

Ainsi pensait alors, avec ses plus sages contemporains, ce prince qui depuis, dans sa séparation d'avec Rome, ouvrit la porte à plus de maux que Luther lui-même ne l'avait fait, à des maux que son propre peuple eut à souffrir, et dont les descendants des premières victimes ne peuvent pas encore prévoir le terme.

Ce fut, à ce qu'il paraît, par ce même Volsey, cardinal d'Yorck, regardé par Luther comme la peste du royaume d'Angleterre, que le premier brandon fut allumé.

Ce prince de l'Eglise, venu de fort bas lieu, comme on disait jadis, et qui avait été pris en si grande amitié par le roi d'Angleterre, que celui-ci ne délibérait rien, ne faisait rien sans lui, se laissa entraîner à de grands mouvements d'insolence et d'orgueil rudement expiés par la suite. L'empereur Charles-Quint, dont il était fort caressé dans le temps des plus vives luttes de César contre François Ier, avait cessé de lui écrire de sa propre main et de l'appeler son père. Le vent avait un peu tourné, et le cardinal aurait voulu, contre le cours ordinaire des choses, que la faveur ne baissât point. Aux premiers témoignages d'ennui conjugal donnés par l'époux de Catherine, aux premières idées qui se laissèrent entrevoir sur la possibilité d'un divorce, aux premiers mots un peu pressants risqués par le roi pour sonder le cardinal d'Yorck, celui-ci sentit naître une velléité de vengeance contre Charles-Quint, neveu de la reine Catherine. Non content de pouvoir traverser le projet de la *monarchie universelle* et d'humilier l'empereur en faisant répudier sa tante, il lui parut qu'un moyen s'offrait de placer sur le trône une princesse du sang de France qui lui devrait son élévation. Mais quand il vint à soupçonner les vues de son maître, quand il s'aperçut qu'il travaillait, sans le savoir, pour une jeune personne qui le haïssait, il cessa d'accéder au projet de divorce, et vit commencer la série de dégoûts et de disgrâces qui devait punir ses intrigues.

Cette jeune personne, qui allait occasioner la subversion de l'Angleterre, n'était pas régulièrement belle, au dire des mémoires contemporains; mais elle avait des qualités précisément opposées à la bonté sérieuse et peu attrayante de la reine. Ses grâces naturelles avaient acquis plus de perfection à la cour de France où elle avait suivi Marie-Stuart, et probablement elle avait reçu là des leçons de manége et d'habileté féminine, toutes choses fort étrangères à la pauvre reine. Elle ne montrait de l'empressement que pour les plaisirs du luxe et pour les fêtes; sa conversation vive et légère, son enjouement ingénieux et de toutes les heures ne laissait voir aucun art dans sa conduite, tandis qu'elle était dissimulée, ambitieuse au plus haut degré, et avant vingt ans.

Anne de Boleyn, jugeant la passion que le roi laissait voir pour elle, crut que, pour l'augmenter, il n'y avait aucun risque à montrer peu de complaisance et beaucoup d'élévation d'âme. Elle osa signifier à son royal amant qu'elle serait sa femme ou ne serait rien; atroces paroles qui, adressées à un homme marié, sont toujours grosses de crimes, et certes plus abominables devant Dieu et devant les hommes que la prostitution la plus effrontée et la plus vile.

Nous ne pouvons suivre dans ses détails
l'affaire du divorce ; nous ne remettrons
pas sous les yeux les parjures de Henri VIII
devant la justice, les informations à la fois
puériles et dégoûtantes du procès où les té-
moins contre la reine au nombre de trente-
six ou trente-sept, étaient presque tous
parents du roi ou d'Anne de Boleyn, le
scandale d'un grand nombre d'universités
européennes et surtout de France qui ven-
dirent leurs décisions à beaux deniers,
tandis que celles d'Angleterre cédèrent à
des manœuvres illicites, à des menaces secrètes ; nous observerons seulement avec
les historiens impartiaux qu'à l'avénement
de Henri VIII, il existait encore un esprit
de liberté qui, dans plus d'une occasion,
arrêtait les mesures arbitraires de la cour,
bien qu'elle fût dirigée par un ministre habile et soutenu de toute l'autorité du souverain, mais qu'en peu d'années, à mesure
que les incidents du divorce vinrent donner
plus d'exercice aux volontés arbitraires du
prince, cet esprit de liberté progressive-

ment disparut, en sorte qu'avant sa mort le roi d'Angleterre avait pris l'habitude d'un despote, et le peuple toute la servilité d'une nation d'esclaves. Il sembla même qu'on eût admis en principe, pendant tout ce règne, que, dès que la couronne mettait un individu en jugement, il importait peu par quels moyens on parviendrait à le trouver coupable.

Un ambassadeur de Henri VIII disait au pape : « Malheur à l'un de ses sujets, s'il s'écartait un seul instant des volontés du roi ! » Et le roi lui-même déclara une fois publiquement devant le conseil, que si quelqu'un parlait de lui ou de ses actions d'une manière peu convenable, il ferait voir qu'il était le maître, et qu'il n'y aurait si belle tête qu'il ne fît sauter. Paroles qui n'étaient pas, comme la suite le fit bien voir, de vaines intimidations et des rodomontades de despotisme.

Avant même que la condamnation fût prononcée par la cour de Rome, et quand la disgrâce de Volsey commença, il fit accuser tout le clergé comme fauteur et complice du cardinal, coupable d'avoir exercé l'autorité de légat, bien qu'il ne l'eût fait qu'avec la permission royale en pareil cas requise, permission dont, toutefois, par des motifs que lui dictait la prudence, il refusa de s'appuyer lorsqu'il fut mis en jugement pour ce prétendu délit.

Les députés du clergé se rassemblèrent en hâte et offrirent un présent de 100,000 livres en retour d'un plein pardon. Mais, à leur grand étonnement, Henri refusa cette proposition (1531, 7 février), à moins qu'une clause ne fût introduite dans le préambule de l'acte de donation portant qu'on reconnaissait le roi comme le protecteur et le chef suprême de l'Eglise et du clergé d'Angleterre. Le roi ne voulut admettre d'autre changement que cette simple restriction : « Après Dieu, » et l'on formula ainsi : « De laquelle Eglise et duquel clergé nous reconnaissons Sa Majesté comme le premier protecteur, le seul et suprême seigneur, et autant que le permet la loi du Christ, le chef suprême. »

Cette flatterie de prélats courtisans choisis et députés par le clergé comme pouvant faire preuve de plus d'habileté dans une occasion difficile, révolta tous ceux qui comptaient les bienséances ou la religion pour quelque chose ; mais elle donna au roi la mesure de ce qu'il pourrait se permettre, et quoi qu'on ait dit de l'arrivée d'un courrier d'Angleterre, arrivé à Rome deux jours après la condamnation, et dont le pape aurait eu le tort de ne pas attendre la venue, il est certain que ce courrier ne pouvait pas apporter des conditions meilleures de la part de Henri, fortement pressé, en avril 1533, de rendre public le mariage d'Anne, avant même qu'on eût pu déclarer nul celui de Catherine.

A cette époque, il y avait une telle union entre la France et l'Angleterre, entre Rome et la France, et les dispositions où était le pape de condescendre aux désirs de Henri VIII en considération de François Ier, étaient de telle sorte qu'il fallait à la cause du roi des vices bien grands, puisque Sa Sainteté fut obligée, malgré elle, de le condamner.

Une entrevue devait avoir lieu à Marseille entre le roi de France et le souverain pontife. Le pape et les cardinaux conjurèrent Henri d'envoyer une procuration à son *accusateur* et l'assurèrent que, s'il faisait cette démarche, la cour de Rome nommerait tels commissaires qu'il voudrait pour aller faire l'information sur les lieux.

Le cardinal Campeggio, qui était arrivé en Angleterre au commencement d'octobre 1528, avait tenté d'engager le roi à abandonner son projet; il lui avait représenté le tort qu'il faisait à sa réputation, le désespoir d'une reine vertueuse, le mécontentement assez marqué des Anglais, les malheurs que son obstination pourrait faire retomber sur la chrétienté, les guerres qu'il aurait à soutenir.

De quelque douceur, de quelque tendresse que ces représentations fussent accompagnées, Henri trouva mauvais qu'au lieu d'une dispense on lui donnât des conseils; et le cardinal, se tournant alors d'un autre côté, voulut persuader à Catherine de se laisser séparer d'un époux dont elle n'avait ni le cœur, ni la confiance, de sacrifier son repos au repos de l'Europe, de prévenir, par un effort de courage, un schisme que sa résistance allait introduire dans l'Eglise. Mais Catherine était dans son droit; d'ailleurs, elle avait une fille que le divorce n'aurait pu que rendre illégitime. Elle ne pouvait pas, elle ne devait pas sacrifier son droit et sa fille aux caprices pervers d'un homme subjugué par une intrigante.

C'était au roi d'abandonner son dessein; mais il paraît que l'idée de se faire le pape de l'Angleterre était trop enracinée en lui pour que son projet de divorce n'y fût pas tout simplement accessoire.

Depuis que les prétentions d'une branche rivale étaient tombées avec la tête du dernier rejeton, Henri VIII s'était aperçu que la noblesse, décimée par les guerres civiles, ne pouvait plus que plier, que céder à l'autorité royale, et qu'en profitant du goût de l'époque pour la controverse religieuse, il ferait aisément servir son autorité à établir ses opinions qui représentaient ses passions.

Il fut bien aise qu'on invoquât longuement la Bible pour ou contre son divorce; et, tout étourdi dans sa brutalité, il ne s'aperçut pas que retirer à l'autorité antique l'interprétation de ces passages qu'il citait en sa faveur et la faire donner par les peuples, c'était encourager les esprits actifs à se réveiller un jour contre la nouvelle usurpation dont le trône se rendait coupable, et entrer, par l'impulsion même du despotisme le plus absolu, dans cette même voie du libre examen d'où il avait voulu chasser Luther.

Étrange origine qui fit, de la religion anglicane, celle de toutes les variétés connues du protestantisme qui devait laisser le plus vaste champ aux doutes des esprits inquiets, et qui pourrait le moins heureusement combattre l'anarchie au milieu de laquelle la loi seule a pu la maintenir et la défendre, en faisant naître, à force d'irritations, ce perfectionnement de l'esprit séditieux dans la réforme, ce puritanisme sinistre qui devait livrer l'infortunée Marie Stuart à la cruauté sanguinaire d'un tigre revêtu d'habits de femme, et Charles Ier à l'ambition hypocrite et sacrilége du féroce Cromwel!

Mais en attendant que l'œuvre détestable de Henri VIII se développât sur une plus grande échelle de crimes et de maux que ne l'avait fait l'œuvre de Luther, déjà si nuisible aux peuples, le parlement, sans qu'il fût besoin de négociations pour le gagner, de menaces pour l'intimider ou de grâces pour le corrompre, autorisa le schisme.

Il est vrai que la plupart des évêques et des ecclésiastiques du second ordre que devaient se trouver dans les deux chambres s'en absentèrent, lorsqu'on y passa cet acte; mais presque tous le souscrivirent bientôt après, convaincus, à tort sans doute dans

10.

cette occasion, qu'il y avait une grande différence entre se conformer à une loi faite par une autorité légitime et donner sa voix pour la faire.

Leur exemple, très-puissant par lui-même sur l'esprit de la multitude et bien capable de la détourner des antiques voies, fut encore soutenu de tout ce qu'on crut propre à le fortifier. Cranmer, archevêque de Canterbéry, et un premier Cromwel, ministre d'état, l'un et l'autre secrètement luthériens, mais dissimulant leur opinion à cause du roi qui n'avait pas cessé d'en vouloir à Luther, aidaient prodigieusement à l'œuvre. Cranmer dissipait les scrupules des citoyens religieux, et Cromwel intimidait les faibles. Ceux qui eurent assez de lumière dans l'esprit pour démêler les sophismes, et assez d'élévation dans le cœur pour résister aux menaces, périrent dans les supplices.

Le parlement, cette institution qu'on a tant enviée à l'Angleterre, était subjugué au dernier point. Les pairs les plus opulents sous Henri étaient pauvres, en comparaison de leurs prédécesseurs. C'étaient en général des hommes nouveaux qui devaient leurs honneurs actuels et leurs biens à la générosité de Henri ou de son père.

Et quand on chassa les moines de leurs couvents, quand on s'empara de leurs biens, évalués par M. Hume à la vingt-unième partie du revenu total de la nation, si une femme, à cause de son talent à faire d'excellent boudin pour le roi, eut part aux largesses royales, on peut croire que, d'autre part, les obséquieux pairs ne furent point oubliés.

La dépendance des pairs spirituels était devenue plus complète encore que celle des pairs temporels. La force que leur donnait auparavant la protection du pape était anéantie. Ils n'étaient plus que les délégués du roi, exerçant une autorité précaire et soumise à sa volonté. Ils cherchèrent dès-lors à garder le plus de biens qu'ils purent, combinant la servilité et même la férocité avec l'avarice d'une façon merveilleuse, et dont il est impossible qu'on trouve jamais ailleurs quelque chose d'approchant dans le haut clergé catholique. Ils devinrent en un mot, et malgré les différentes crises auxquelles ils survécurent, tout le contraire u fond de ce que le christianisme veut que ses ministres soient, c'est-à-dire les persécuteurs à peu près constants du peuple, au lieu d'en être les assurés protecteurs, les infatigables amis.

Le concours de l'une et de l'autre chambre nationale servit à augmenter la puissance du roi sur le peuple, et porta son autorité au degré de despotisme le plus absolu qu'aucun prince ait pu rêver dans une simple monarchie, même par le moyen des forces militaires. Sous le joug honteux auquel il s'était assujetti, le parlement osa ordonner que ceux qui auraient prêté de l'argent à Henri, seraient obligés de l'en tenir quitte.

La servilité du parlement envers le roi tirait sa source de la haine que les classes supérieures portaient au clergé, et celui-ci, du moins dans ses rangs les plus hauts, ma-

nœuvra si bien, sous la direction de Cranmer, qu'il garda toutes ses prérogatives,
toutes ses richesses, et put même avoir part
avec les grands et les favoris aux dépouilles
des monastères.

Les communes, comme les pairs, avaient
aussi des motifs dans leur servilité. Quand
il avait plu au roi, avant le divorce, de
rançonner le clergé pour avoir reconnu la
juridiction du légat, les communes qui
avaient montré la même soumission au cardinal d'Yorck craignirent qu'on n'exigeât
d'elles aussi quelques subsides, comme le
prix de leur grâce. Elles supplièrent donc
sa majesté d'accorder un pardon général à
ses sujets laïques; mais le roi rejeta leur
supplique. Il dit que si jamais il lui plaisait
de faire cet acte de clémence, ce serait de
son propre mouvement, et qu'il ne voulait
pas avoir l'air d'y être excité. En effet,
quelque temps s'écoula, et lorsqu'on n'espérait plus cette amnistie, il lui convint de
l'accorder, et la chambre des communes,
par reconnaissance, prit dès ce jour l'ha-

bitude de se prosterner dans la **poussière** à chaque signe de la volonté royale.

Ainsi armé d'avarice et de cupidité, de crainte et de bassesse, de jalousie et d'orgueil, comme le furent tous les ennemis du catholicisme dans tous les temps, le parlement d'Angleterre conféra au roi le titre de chef suprême de l'Eglise anglicane, et lui reconnut le pouvoir d'examiner, de réprimer, de rectifier, de réformer, de punir, de restreindre toutes les hérésies, toutes les offenses, tous les abus, toutes les profanations, tous les crimes, comme étant de sa juridiction spirituelle, pouvoir monstrueux qui, d'un prince se piquant de théologie, devait passer à des femmes, à des adolescents, et constituer une papauté bien plus étrange que celle dont les plus niais des protestants débitent encore la fable absurde.

Par le schisme de Henri VIII, plus encore que par l'œuvre de Luther, la féodalité, se ralliant à la couronne, fit en Angleterre un retour sur elle-même. Aussi inutile qu'elle l'était devenue en France depuis la formation des armées régulières, et ne conservant plus que le droit de rendre la justice, elle n'en continua pas moins d'exiger toutes les prestations qui salariaient d'autres devoirs, et laissa politiquement substituer chez le peuple, aux inquiétudes de la subjection, un air arrogant qu'il est trop souvent porté à confondre avec le sentiment de la liberté, et qui en Angleterre fut puisé dans le puritanisme, cette conséquence inévitable du schisme.

Quoique la chambre des communes n'eût pas conservé une assez grande importance pour servir de barrière au pouvoir du souverain, on prenait soin cependant que les membres dont elle était composée fussent dévoués à la couronne, et que le président se trouvât investi d'une charge qui en dépendît ou qu'il possédât à un haut degré la confiance des ministres. On faisait bruit d'une certaine liberté accordée dans les débats, mais ce ne pouvait être, et l'on n'oubliait pas d'en prévenir, qu'une liberté *décente*.

Avec un roi devenu chef de l'Eglise, il ne pouvait plus y avoir en effet qu'une liberté *décente*. Les arguments ne manquèrent pas pour appuyer cette puissance nouvelle; arguments qui tendaient à avilir le caractère du peuple, et à élever l'autorité royale au-dessus de toute loi, de toute justice, mais qu'il n'était pas permis de combattre, parce qu'ils se rattachaient au ciel.

L'évêque Fischer et Thomas Morus firent pourtant, dans leur interrogatoire, la réponse la plus décente qu'on puisse imaginer, et toutefois cette réponse ne fut pas sans influence sur l'arrêt qui fit tomber leurs têtes. Voici les propres paroles de Morus : « Je répondrai au cas principal sur ce que vous dites, que j'ai encouru la peine du statut fait au dernier parlement depuis que je suis prisonnier (ce statut avait pour l'infortuné un effet rétroactif, et peut-être avait-il été dressé en grande partie contre lui), pour

autant que par malice, faussement et traî-
treusement, j'ai ôté à la majesté du roi son
nom, son titre, son honneur et sa dignité
qui lui ont été octroyés par ledit parlement
qui l'a reçu suprême chef interne de l'Eglise
d'Angleterre, sous Jésus-Christ ; et à présent,
quand vous m'avez opposé que je n'ai voulu
répondre autre chose à monseigneur le
secrétaire du roi, à l'honorable conseil de
sa majesté, quand ils m'interrogèrent, que je
sentais dudit statut, sinon que *moi étant
mort au monde, je ne pensais point à telles
choses, mais seulement à la passion de Jésus-Christ*, je vous dis pour tel mien silence : Votre statut ne me peut condamner
à mort ; car ni votre statut, ni toutes les lois
du monde ne punissent personne, sinon
pour avoir dit ou fait, et non pour un semblable silence. » A ces nobles paroles, le
procureur du roi répliqua qu'un tel silence
était une démonstration ou un certain jugement de malignes pensées contre ledit
statut, etc.

Thomas Morus, il est vrai, avait auparavant répondu au solliciteur général que le parlement pouvant faire un roi, il pouvait aussi le déposer; mais en disant au sujet des actes quelconques d'un pouvoir injuste qu'il ne pensait plus à telles choses, et seulement à la passion de Jésus-Christ, il faisait la seule réponse qu'un véritable chrétien puisse faire en des circonstances pareilles.

Donnons maintenant une idée du jargon politique introduit alors, jargon aussi sanguinaire que celui de notre Convention nationale, et dont l'extension, comme la durée, fut bien plus grande.

Quand les adversaires de la suprématie demandaient dans quels passages des saints écrits le gouvernement de l'Eglise était conféré à un laïque, à une femme, à un enfant, les avocats de ce pouvoir nouveau citaient fièrement le texte qui prescrit obéissance aux autorités établies. Le roi, disaient-ils, était l'image de Dieu sur la terre; désobéir à ses commandements, c'était désobéir à Dieu lui-même; limiter son autorité quand elle devait être sans bornes, c'était une offense envers le Seigneur; et *faire des distinctions* lorsque l'écriture n'en faisait aucune, c'était une impiété envers Dieu.

Même, disait-on encore, quand l'autorité suprême était employée d'une manière déraisonnable et injuste, la résistance était un crime; le devoir des opprimés était de se soumettre; leur unique ressource, de prier, afin que le ciel changeât le cœur de l'oppresseur; la seule consolation qui leur restât, c'était de penser que le roi lui-même serait un jour appelé à répondre de sa conduite devant un tribunal infaillible.

Ainsi pensaient en effet sans le dire pourtant, les bons catholiques; comme Thomas Morus, ils méditaient la passion de Jésus-Christ; mais Henri VIII, quelque foi qu'il pût avoir en une doctrine dont son orgueil était si tendrement flatté, ne devait pas s'imaginer néanmoins que cette croyance ne rencontrerait jamais une opposition active; et cette opposition se formait

dans les rangs que le schisme avait ébran-
lés, désunis le premier, comme pour donner aux idées désorganisatrices de Luther
le moyen de s'y insinuer à la manière d'un
coin toujours plus ferme, plus incisif, plus
irrésistible.

Les protestants comme les philosophes
du dix-huitième siècle ont crié contre les
rois et parlé de liberté; mais, dans l'occasion, ils se sont montrés plus vénals,
plus serviles que les autres. Luther et les
anglicans avaient été en cela les prototypes
des séides de la Convention, des courtisans
du Directoire et des sénateurs de Napoléon.

Mais en face de ces hommes sans pudeur,
il est toujours des âmes qui se révoltent,
et qui, par opposition à ceux de leur parti
ou de leur secte qui adorent le veau d'or,
poussent aux plus rigoureuses conclusions
les idées qu'ils ont embrassées. Tels furent
certains hommes de la terreur en France;
telle fut en Angleterre cette terrible nation des *Covenanters* qui compte autant
de martyrs que de bourreaux; nation ri-

gide, fière, taciturne, austère, dont la des-
cendance n'est pas tout-à-fait morte, et qui,
sans se mêler toujours aux ultra-radicaux,
poursuit de la même haine, cent cinquante
ans après sa mort, le roi faible, malheureux, et trop fatalement, mais aussi trop
évidemment faux qu'elle frappa; vouant
une impérissable idolâtrie à ses anciens
martyrs, priant tous les jours saint Cromwel dans un oratoire secret; toute prête
encore à combattre le bon combat, et pleu-
rant, avec une douleur qui n'est point dé-
pourvue d'espérance, l'époque où les saints
et les élus avaient en main l'autorité.

La révolte devenait d'autant plus forte
dans les âmes généreuses, qu'afin de gra-
ver plus profondément dans l'esprit du
peuple le principe de l'obéissance absolue,
on ne cessait pas de le faire retentir dans
la chaire; on le reproduisait sans fin et sans
trêve dans les livres de controverse et
d'étude, on le promulguait d'autorité dans
l'institution, puis dans *l'érudition de
l'homme chrétien*, livres que le roi lui-même

avait faits; et la doctrine de l'obéissance passive appuyée du mensonge plus ou moins complet de la représentation nationale, devint le trait distinctif de la croyance orthodoxe en Angleterre.

Ce fut d'abord une trahison de contester la validité du mariage avec Anne de Boleyn ou la légitimité de sa fille; en d'autres temps, la trahison ne fut pas moindre à maintenir ces deux articles de foi. Ce fut une trahison d'appeler le roi hérétique et schismatique, de lui souhaiter hautement quelque dommage, de médire de lui, de sa femme et de sa postérité; ce fut une trahison, d'épouser sans la permission du roi, aucun de ses enfants légitimes ou naturels ou les frères et sœurs de ceux-ci du côté de leur mère ou leurs propres enfants; c'en fut une autre pour toute femme qui voudrait épouser le roi, de n'être pas vierge, ou de ne pas lui révéler d'avance son déshonneur. La peine de mort prononcée contre l'hérésie ne se borna point aux personnes qui rejetaient les doctrines déjà déclarées orthodoxes, on l'étendit par anticipation à toutes celles qui enseigneraient et soutiendraient une opinion contraire aux doctrines éventuelles, et par conséquent de circonstance, qu'il pourrait convenir au roi de publier un jour.

Avons-nous tort de dire que l'anglicanisme a été et est encore, à certains égards, quelque chose de plus inhumain, de plus terrible que la terrible *Convention de France* ?

Aussi, dans la contemplation de tant de crimes qui étaient à punir, le roi avait-il beaucoup d'égards pour son bourreau ; il le faisait quelquefois diner avec lui, peut-être même après la décapitation solennelle d'une des reines qui prirent successivement la place de la vertueuse Catherine.

On a fait à Louis XI un reproche fort sérieux de ce qu'il appelait Tristan son compère ; mais ce titre de compère se donnait alors à tout homme du peuple qu'on employait, et les amis se le donnaient entre eux. Louis XI du moins ne faisait pas couper la tête à ses femmes, et l'œuvre . qu'il poursuivait était bien opposée à ce retour d'oppression par l'anarchie féodale amené directement en Allemagne, en Angleterre, dans d'autres états du nord, à la suite du protestantisme, et indirectement en France et dans les autres pays, où l'ardeur que mirent les communes à l'empêcher alarma le gouvernement sur leurs forces jusqu'alors peu connues, et provoqua des réactions anti-populaires.

D'après l'ascendant qu'avait pris Henri VIII sur ses peuples, on a cru pouvoir reconnaître en lui des talents de la plus haute portée ; il eut réellement celui d'arriver fort à propos pour l'exécution de ses méchants desseins. La soumission des sujets au système de religion que le dépit seul avait inspiré au monarque, fut un pur effet du hasard. Catholiques et Luthériens, convaincus les uns et les autres que le prince ne pouvait pas rester dans l'espèce de juste-milieu qu'il avait pris entre eux, se déterminèrent à une complaisance aveugle, les uns pour le ramener insensiblement au giron de l'Eglise, les autres pour l'attirer dans leurs fausses voies. Mais quand on vit que l'apostasie devait être sérieuse, il y eut des insurrections. Les paysans et la masse du peuple, surtout dans le nord et dans l'ouest de l'Angleterre, dans la race celtique, si opiniâtre et si constante, adhéraient fortement au catholicisme. Il fallut que des troupes protestantes, demandées à l'Allemagne, prêtassent leur secours à la nouvelle institution du prince réformateur; il fallut des troupes étrangères pour imposer l'anglicanisme, et là encore Luther, ce grand ennemi de Mahomet, put voir qu'au besoin la religion évangélique ne dédaignerait pas plus que l'*islamisme* ou *la résignation en Dieu*, de propager le *libre examen* par la voie des armes.

D'autres circonstances favorisèrent l'établissement de l'Eglise anglicane, de cette Eglise juste-milieu : d'un côté, le tableau exagéré des abus qu'on reprochait au vieux catholicisme, de l'autre les frémissements concentrés, mais toujours plus visibles et plus menaçants des hommes que l'insurrection de Luther avait gagnés et qu'on voyait bien vouloir pousser la réforme aussi loin et sur le même terrain que les paysans westphaliens et les anabaptistes de Munzer.

La reine Elisabeth fut aussi par sa position, comme fille d'Anne de Boleyn, fortement engagée à étendre, à maintenir l'Eglise anglicane. Aucune rigueur ne dut lui coûter pour assurer son titre d'héritière légitime de Henri VIII, et pour brider les puritains qui, malgré les persécutions et les supplices, ne se lassaient pas d'écrire contre le gouvernement des femmes, et demandaient toujours que l'Eglise fût indépendante de l'état, question que, pour bonnes raisons, leurs frères d'Allemagne se gardaient bien de débattre.

Exerçant la juridiction ecclésiastique par des délégués, Elisabeth les arma des plus formidables pouvoirs de l'inquisition. Les premières victimes qui tombèrent sous les coups de ce tribunal que l'on nommait la Haute-Cour de commission, furent des catholiques; mais des catholiques, la main des bourreaux ne tarda pas à se porter sur les puritains.

A la persécution par les tortures du corps succéda celle par le serment, ou, si l'on veut, par les tortures de la conscience ; les catholiques s'y trouvèrent plus spécialement dévoués que les autres. Le *test* était une profession de foi protestante exigée de tout fonctionnaire civil, de tout officier de l'armée. Cette formalité perverse, abolie seulement de nos jours, était conçue en ces termes : « Je déclare ne pas croire qu'il se fasse de transsubstantiation dans la cène du Seigneur, ni pendant ni après la consécration. » Signer cette déclaration, c'était abjurer sa croyance si l'on était catholique, et se déclarer protestant à la face du ciel et des hommes.

On voit de plus en plus que cette religion juste-milieu n'avait malheureusement présenté, dans ses échafauds et ses serments, que trop d'exemples à suivre par nos réformateurs de 1792 et 93.

La loi portée contre les réfractaires laïques avait laissé à Charles Ier la faculté d'en exiger une amende de 20 livres sterling par mois au moins, ou de saisir les deux tiers de leurs biens mobiliers; mais, au lieu de ces peines, il leur permit de composer, moyennant une certaine somme payable annuellement à l'échiquier. La plupart s'empressèrent de mettre à profit cette indulgence; le prix de l'arrangement fut fixé à la volonté des commissaires; et en sacrifiant quelquefois un dixième, quelquefois un tiers de leurs revenus, les catholiques obtinrent, non la liberté de servir Dieu selon leur conscience (ce qui était toujours défendu sous des peines sévères), mais la permission de ne pas assister à un culte qu'ils désapprouvaient. Eh bien, croirait-on que les fanatiques d'anglicanisme regardèrent cette condescendance comme un crime de la part de Charles, pape protestant?

On aurait trop à dire, et l'on exciterait

le plus profond dégoût, si l'on voulait entrer pleinement dans ce dédale de contradictions, d'injustices, de vexations, d'ex-
torsions, de condamnations, de fausses
conspirations punies comme réelles, et de
conspirations véritables, mais toujours im-
punies, contre la conscience, contre la pré-
férence donnée par les catholiques à la
fidélité qu'on doit éternellement à Dieu sur
la soumission qui n'est pas toujours due aux
hommes.

Après ce règne de Henri VIII, où les
lois changeaient tous les jours, où le citoyen
était jugé par la volonté du prince et non
point par l'autorité de la loi, il faudrait
passer à ces règnes si divers et si bizarres
d'un parlement toujours plus habile à faire
naître, à saisir des conjonctures favorables,
non pour assurer l'existence du peuple,
mais la liberté des grands ; et pour asseoir,
non pas la richesse nationale, mais l'extrême
inégalité des fortunes particulières sur des
fondements qui paraissent en effet inébran-
lables.

— 134 —

Le résultat le plus évident de l'œuvre de
Henri VIII, le voici réduit à sa plus simple
expression : la loi ne devait plus régner
en Angleterre, et le despotisme de ce
prince devait passer aux mains des partis.
C'est toujours là ce qu'amène l'entêtement
d'un pouvoir dont la position est originaire-
ment fausse ; c'est toujours là qu'arrivent
ceux qui, après avoir levé la hache pour
détruire ce qui les gênait, veulent l'arrêter
au moment précis où ils éprouvent le besoin
de conserver ce qui leur convient.

XII.

Effets du protestantisme dans quelques états du nord,
dans la Suisse, dans la Hollande.

Après avoir suivi aussi rapidement que
nous l'avons pu les effets du protestantisme
en Angleterre, il y a peu d'intérêt pour
nous à les suivre en d'autres régions du nord
plus rapprochées des lieux où la réforme
eut son berceau. Il n'est pas étonnant, par
exemple, que le Danemarck, livré au des-

potisme pur, ait trouvé, dans la réforme, des opinions religieuses pleines de complaisance pour son maitre. Les rois de Suède opposèrent leur protestantisme au catholicisme de la Pologne avec laquelle ils guerroyaient, et l'introduisirent dans la Livonie et dans la Courlande pour détacher mieux ces provinces, par eux disputées à une république rivale. Le grand-maître de l'ordre Teutonique de Prusse se fit duc et souverain, en abjurant ses vœux et en sécularisant ses possessions ; et ce fut le protestantisme qui dota l'Allemagne de cette puissance nouvelle dont l'éclat, s'accroissant chaque jour, devait balancer plus tard la prépondérance autrichienne, de manière à rendre tout-à-fait impossible la fusion du pays, mais assez toutefois pour justifier, par de belles acquisitions, la reconnaissance d'un grand monarque envers cette réforme qui a fondé sa maison sur la violation de vœux solennellement jurés.

La confédération helvétique, après avoir long-temps joui de cette unité catholique, si belle quand elle domine sur des gouvernements divers, se divisa, et ce ne fut point pour pratiquer mieux l'Evangile, mais pour relâcher au contraire les liens de la fraternité, pour donner à certaines villes ou pour y renforcer ces priviléges des cités antiques, empruntés à l'organisation romaine, ce monopole du commerce attaché comme celui des magistratures et des fonctions militaires à certaines conditions de naissance.

Le protestantisme, en Suisse comme ailleurs, sépara le riche du pauvre plus qu'il ne l'était auparavant, et ne favorisa pas moins les prétentions bourgeoises que celles de l'aristocratie nobiliaire. Partout il remplaça la charité par l'égoïsme; presque partout il alluma des guerres sanglantes; partout en invoquant la liberté, il fit naitre ou hâta le développement de quelque tyrannie; partout, quand il y eut séparation entre les provinces, le protestantisme sut attirer à lui les richesses en laissant au catholicisme sa foi. Et certes, à cet égard, il montra une habileté merveilleuse, surtout en Hollande où il parvint à détruire la prospérité du pays belge, à le dépouiller de tous les avantages d'une admirable situation, à le ruiner par la main même des princes qui en conservèrent la jouissance politique.

XIII.

Calvin et Genève.

Calvin fut de tous les prétendus réformateurs celui qui entassa le plus de ruines, et c'est principalement de sa secte que les idées de république se sont véritablement échappées dans le monde du seizième siècle. Mais on ne doit pas faire honneur de la liberté de Genève à des principes profondément médités. Elle ne fut que la conséquence de la révolte contre l'évêque et de l'absence de ce prince.

Sous la juridiction épiscopale, le peuple génevois possédait déjà plusieurs att ut s de la souveraineté, créant ses chefs, faisant des lois, accordant des impôts, contractant des alliances, et levant des troupes. Cette liberté d'alors était même plus évangélique à tous égards qu'elle ne le fut depuis. On ne vendait pas encore la qualité de bourgeois aux étrangers, et ceux qui étaient hors d'état de l'acquérir ne restaient pas, sous le nom d'habitants, inhabiles à participer au droit de commercer ni à celui de voter dans un conseil général. Le conseil général ne s'était pas laissé enlever, comme il arriva en 1536, l'élection des conseillers, alors qu'on statua que le petit et le grand conseil seraient élus l'un par l'autre pour une année, et qu'à l'expiration de ce terme, chacun des deux corps passerait en revue les membres de l'autre ; d'où il advint que pouvant se destituer mutuellement, ils durent sentir le besoin de se ménager, et rendre insensible le passage de l'amovibilité à l'inamovibilité. On voit que le protestantisme fut toujours habile à fonder ses pouvoirs anti-populaires.

Le haut prix auquel on éleva l'acquisition de la bourgeoisie et la répugnance qu'on éprouvait à y admettre des *natifs* ou fils d'*habitants*, accrut tellement le nombre de ceux qui ne partageaient pas les droits de cité qu'ils formèrent une classe toujours inquiète et naturellement occupée de poursuivre sans cesse l'amélioration de son état. Ce fut pour avoir mis le doigt sur les plaies sociales de sa patrie, pour avoir déclaré la guerre à ces tyrans bourgeois par lesquels elle était enlacée de toute manière à leurs volontés, que J.-J. Rousseau fut persécuté avec tant d'acharnement par la haute classe, par la classe privilégiée et dominatrice de Genève. Ce fut par la conscience de leurs torts envers le peuple que les sénateurs accusèrent sourdement Rousseau d'être, par son *Contrat social*, l'instigateur d'une sédition tendant à renverser le gouvernement de Genève d'abord, et ensuite tous les autres gouvernements. Mais cette accusation n'était que détournée; le sénat ne songeait à défendre que l'état de choses formé en ce temps où, suivant es paroles d'un sage historien de Genève, *la crainte de paraître impie*, c'est-à-dire de blesser Calvin ou de regretter l'évêque, *faisait qu'on n'osait être citoyen.*

Les sénateurs génevois sentirent le besoin de prendre sous leur patronage les gouvernements de l'Europe, comme ils s'étaient fait pendant long-temps un devoir de porter sur les fonts de baptême un grand nombre d'enfants de citoyens dont ils prenaient par-là l'engagement de devenir les appuis. Dans l'un et dans l'autre systèmes, les olygarques cherchaient à renouer le fil de cette unité politique, dont le catholicisme seul, cette grande unité religieuse, peut faire la force, et qui, sans lui, n'est remplacée que par d'abominables tyrannies comme celle de la Convention nationale ou du régime anglican.

Peut-être nous opposera-t-on l'olygarchie de Venise; mais il y avait là liberté entière de dire et de faire, pourvu qu'on ne s'occupât point du gouvernement; l'inégalité entre les citoyens n'était venue qu'à la longue, par laps de temps et par fortune ; d'ailleurs il y avait dans le gouvernement de Venise une incessante velléité de rompre avec Rome ; et son esprit férocement soupçonneux pourrait bien n'avoir été que l'instinct d'un pouvoir qui se sent isolé et faible en face d'un peuple nombreux qu'on craint de ne pouvoir plus retenir, si on le détache de cette grande unité catholique avec laquelle les peuples sont entrés dans la civilisation moderne ; heureuse unité qui, n'ayant pas empêché les progrès véritables dont le monde peut se glorifier jusqu'à ce jour, ne nuira pas davantage à ceux que la justice divine, la sagesse des gouvernements et la modération des peuples peuvent amener ou favoriser encore.

XIV.

Le calvinisme en France.

Nous nous sommes étendu plus qu'il ne fallait peut-être sur les suites de la réforme à l'égard de Genève; mais c'est qu'à Genève la branche du protestantisme qui a fait sonner plus haut le mot de liberté, a montré comment, tous obstacles une fois vaincus et après avoir fait place nette, on asseoit cette liberté tant prônée et à l'acquisition de laquelle on a cherché à faire concourir tout le monde : c'est aussi parce que Calvin s'étant fait de Genève un point d'appui pour le levier qui devait soulever la France, il nous importait de voir comment il avait dirigé l'œuvre dans le pays qui avait eu recours à ses inspirations.

Charles Dumoulin, ce grand jurisconsulte, qui avait été favorable aux sentiments des calvinistes dans ses premières années, a dit, dans une plainte adressée contre eux à la cour du parlement, que leurs ministres, pour la plus grande partie étrangers et gens de rien, émissaires envoyés en France par le consistoire de Genève auquel ils prêtaient serment, faisaient, sous prétexte de religion, des conventicules et assemblées tendantes à sédition, attiraient à leur suite quantité de personnes, levaient, exigeaient de grandes sommes, érigeaient des consistoires, et établissaient des officiers qu'ils faisaient payer par le peuple.

Le gouvernement de France avait donc raison de suspecter et de surveiller des gens qui venaient d'une ville où le gouvernement établi avait été renversé, et qui tenaient des conciliabules probablement pareils à ceux à la suite desquels l'évêque de Genève avait forcément quitté la ville et son Eglise en 1535.

Le dimanche de la Pentecôte, 31 mai 1528, on découvrit qu'une image de la Vierge, dans la rue des Rosiers, à Paris, avait été brisée et traînée dans la boue. François 1er avait jusqu'alors protégé les réformateurs dans les querelles entre savants. La profanation de cette image amena d'autres dispositions. C'était un outrage aux lois, un trouble apporté dans le royaume; et le courroux du roi retomba justement sur ceux qui pouvaient avoir inspiré cet outrage, excité ce trouble.

François Ier avait pris parti pour les Génevois réformés contre le duc de Savoie, alors son ennemi, comme il se rangeait du côté des protestants d'Allemagne contre l'empereur; mais il ne devait pas souffrir que la nationalité française dont il était le représentant, fût ainsi insultée dans son élément premier, le catholicisme.

Selon les réformateurs, les puissances de la terre donnaient leur démission quand elles s'opposaient aux progrès du protestantisme; et les ministres calvinistes étaient d'autant plus applaudis qu'ils criaient à plus haute voix que les princes sont marqués du sceau de la bête et qu'ils ont bu au calice d'exécration.

En 1560, il se tint chez Calvin même un conciliabule dans lequel il fut question d'assassiner le roi de France, la reine son épouse, la reine sa mère, ses enfants, ainsi que les grands du royaume et les magistrats catholiques.

Certes, nous n'approuvons pas les supplices infligés aux hérétiques, nous n'applaudissons point à François Ier, qui, par politique, favorisait les réformés d'Allemagne, et par politique aussi, non par religion, faisait brûler ceux de France. Mais Calvin ne recourait-il pas lui aussi, lui hérétique superbe, ne recourait-il pas, pour se débarrasser de ses rivaux, à ces lois, à ces juridictions établies dans toute l'Europe chrétienne pour le châtiment régulier de l'hérésie? En Angleterre, où ces lois avaient été de tout temps sévèrement appliquées et toujours soutenues par l'opinion à cause de l'ardeur particulière du peuple anglais pour les choses de religion, les premières accusations soumises au jury dans chaque session de la justice de paix, dans chaque session pour les affaires criminelles et d'emprisonnement, dans chaque session d'appel étaient les accusations d'hérésie. De là, cette facilité avec laquelle, dans ce pays, on frappait de mort tous ceux dont les opinions religieuses ne se ralliaient point à celles de Henri VIII, d'Edouard VI ou de Marie.

Il est vrai qu'à Genéve les lois avaient besoin d'être rigoureuses, non pas pourtant contre l'Espagnol Servet, mais contre tant de bandits qui avaient fait de cette ville leur repaire, contre ce misérable apostat, par exemple, ce Jacques Spifame qui, après avoir quitté sa religion et son évêché de Nevers, crut que la conséquence la plus naturelle de son apostasie était de s'associer aux doctrines régicides, aux complots de Calvin, et finit par porter sa tête sur l'échafaud pour des crimes privés.

Le gouvernement de France connaissant de quoi l'on s'occupait à Genève, et quelle sorte de gens y accouraient de toutes parts, pouvait bien être accusé quelquefois de cruauté, mais pas toujours d'imprudence, en faisant usage, comme les autres, des lois établies.

Et puis cette fameuse conspiration d'Amboise, « ce crime entrepris par dogme, » dit Bossuet, « par expresse délibération de jurisconsultes et de théologiens protestants, » comme l'assure M. de Thou en termes for-

mels, ce crime, approuvé des ministres et
en particulier de Bèze, de ce successeur de
Calvin, qui en fait l'apologie dans son Histoire ecclésiastique, cet acte si attentatoire
à l'autorité royale, nié par les auteurs et
par les complices tant qu'ils eurent lieu de
craindre les résultats qu'ils devaient en
attendre, mais dont ils se firent honneur
après l'édit de mars 1563 qui portait l'oubli
et le pardon de tout le passé, ce crime,
trait caractéristique de la réforme française,
n'explique-t-il pas l'animadversion du gouvernement?

Cette animadversion ne fut pas constante, il faut bien le dire, elle fut toujours
subordonnée à la position singulière où se
trouvait la dynastie régnante, qu'on voyait
s'éteindre et dont l'héritage était chaude-
ment disputé avant d'être ouvert. Mais les
versatilités de la cour diminuent-elles les
torts du protestantisme?

Voici d'ailleurs comment se rendait
compte des affaires d'alors Guy Coquille,
savant jurisconsulte, mais homme probe,

et l'un de ces sages esprits, qui, cinq ans après les premières attaques de Luther, étaient bien moins convaincus du droit d'examen que frappés de l'abus de ce droit, et moins portés pour la liberté de conscience qu'effrayés de ses désordres.

« Les chefs de l'un des partis, dit-il, prirent la protection de ceux qui avaient de nouvelles opinions en la religion ; les chefs de l'autre parti prirent la protection de l'ancienne religion ; en ce temps on commença de mettre en usage le mot de HU-GUENOT, nom de faction, comme pour représenter que l'un des partis soutenait le droit que la lignée de Hugues Capet avait à la couronne, et transmis à ses successeurs, et pour opposer au parti des Guisards que l'on disait soutenir que Hugues Capet était usurpateur de la couronne, et que de droit elle appartenait aux successeurs de Charlemagne. Le roi Charles IX était fort jeune, et ses frères plus jeunes étant sous le gouvernement d'autres que de princes du sang, furent élevés en des dissimulations, en les faisant toutefois pencher du côté de l'ancienne religion catholique; mais plusieurs ont eu opinion, et le succès en a fait croire quelque chose, que le secret du conseil était d'entretenir la guerre civile sans que l'un ou l'autre parti fût ruiné; pour, par cette occasion, faire mourir les chefs et principaux aides des deux partis, comme c'est l'ordinaire en telles guerres. Aucuns estiment que c'est la cause de l'entretènement des guerres civiles qui avaient pris leur source des inimitiés entre les grands. Ce pauvre royaume en a été cruellement travaillé vingt-huit ans durant; non seulement il a été travaillé par la guerre, mais sa majesté, sa splendeur et sa réputation ont été avilies, abaissées et mises presque à néant, même aux choses auxquelles il était plus admirable et excellent. La gendarmerie, qui semblait être la terreur du reste de la chrétienté, pour n'avoir pas été entretenue de sa solde, est venue à mépris; les gentilshommes qui se ruinaient en servant, s'en sont retirés et y ont succédé

plusieurs de bas état et de bas cœur qui
n'ont eu honte de piller le pauvre peuple.
La justice qui contenait les sujets en obéissance, par vénalité et multiplication débor-
dée d'offices, est devenue comme un commerce et trafic, et n'y a-t-on plus cherché
que les subtilités et artifices pour déguiser
les faveurs. »

Cette appréciation si large et qui pourrait
servir de préface à toute histoire de ces
temps malheureux, porte cependant l'em-
preinte de ces préjugés bourgeois toujours
prêts à remplacer les préjugés nobiliaires.
Les gens de *bas état* qui s'étaient avancés
dans les charges militaires, n'étaient pas
tous de *bas cœur ;* il fallait bien que quelqu'un prît la place des gentilshommes qui
se retiraient de la guerre parce qu'ils s'y
ruinaient, et ceux qui se ruinaient n'étaient
pas probablement les plus actifs; car on
peut recueillir, dans des monuments qui
restent encore, des notions fort curieuses
sur l'étendue des indemnités que les chefs,
principalement les chefs protestants, deve-

nus plus tard royalistes, savaient se faire donner, et Sully lui-même ne se tait point sur les contributions dont il prit sa bonne part. Si les officiers inférieurs avaient peu de profit et par conséquent peu de constance à la guerre, il ne faut pas s'étonner qu'on leur ait cherché des remplaçants hors de la noblesse.

D'ailleurs, les troupes de la ligue ne manquaient pas d'officiers de mérite qui méritèrent de passer dans les rangs de l'armée royale, ou qui surent y passer de bonne heure par défection. On peut même dire qu'à cette époque la noblesse fit, dans le tiers-état, le recrutement le plus considérable que jamais elle ait eu occasion de faire. En certaines provinces, plus d'une des familles privilégiées que l'on y comptait en 1789, avait eu son berceau dans les horreurs, dans les vexations et, il faut bien le dire, dans les contributions et les pillages des guerres civiles.

M. de Sismondi, dans son Histoire des

Français, année **1580**, reconnaît fort bien que les armées des huguenots à cette époque ne contenaient plus guère, outre quelques gentilshommes, que des brigands; les uns et les autres n'ayant repris les armes que pour piller les paysans et les bourgeois, et pour mettre les prélats et les seigneurs catholiques à rançon.

C'était donc la succession des Valois, jeunes et débiles, qu'on se disputait. Dans une requête présentée au roi, le prince de Condé le priait « de vouloir considérer à quelle fin pouvait tendre la grande et curieuse recherche que les de Guise ont fait faire de leur race et généalogie, par le moyen de laquelle ils ont voulu faire voir qu'ils étaient descendus du sang des légitimes rois de France et la couronne usurpée sur leurs ancêtres, les droits par eux mis en avant qu'ils prétendent sur les duché d'Anjou et comté de Provence, » etc. D'un autre côté, dans les plaintes qu'il faisait à main armée contre les gênes apportées à l'exercice du culte protestant, il

n'avait que des vues analogues à celles
dont il accusait les Guise.

Et que telle fut la pensée de tous les
principaux chefs, des chefs de l'intérêt et
non de l'opinion, c'est ce qui apparait d'une
façon bien nette, quand on les voit, eux
ou leurs prochains successeurs, délaisser
cette réforme, du moment qu'elle ne peut
plus leur servir de prétexte ou qu'il est
permis de s'en retirer avec honneur. Leur
abjuration fut politique plus encore que
religieuse. Quand, par la résistance de la
ligue et par leur propre épuisement, ils
virent qu'il n'y avait pas moyen de faire
d'un Bourbon ou même d'un Guise un
nouveau Hugues Capet, reconstituant la
grande féodalité, et laissant convertir les
gouvernements de provinces en autant de
principautés indépendantes, sous un roi
qui n'aurait été que le premier gentilhomme de son royaume, comme Henri IV
et d'autres aussi l'ont dit quelquefois par
cajolerie, ils répudièrent la réforme, ils
jetèrent le masque religieux dont ils avaient

couvert leur ambition et leur dessein bien
formel de réprimer le tiers-état, dessein que
Henri IV tout le premier, avec sa poule au
pot pour le paysan, mais *sans lièvre ni autre
gibier* (1), commença d'exécuter et que
Louis XIV parvint à pousser assez loin.

A voir les déclarations que fit le roi de
Navarre sur les justes occasions qui l'avaient
mû de prendre les armes pour la défense et
tuition des Eglises réformées de France,
les protestants durent être édifiés du zèle
pieux, du désintéressement de Henri de
Bourbon, qui fut depuis Henri IV. S'il
tire l'épée, c'est à regret, et seulement
pour la cause du saint nom de Dieu, pour
la liberté de conscience, pour le rétablissement d'une bonne et sincère justice. Mais

(1) Le plus sévère de tous les édits contre la
chasse fut celui de Henri IV ; il y eut sous son
règne bien d'autres dispositions prises contre
le tiers-état ; il ne paraissait vouloir favoriser
les paysans que pour mieux arrêter la bourgeoisie dans son essor : selon les temps, la
politique.

qù'on interroge d'Aubigné, confident in-
discret qui s'honore d'avoir écrit au pied du
lit royal, il vous dira naïvement que la
femme du Béarnais, sans autre but que de
susciter des embarras à son frère Henri III
qu'elle détestait, et probablement aussi dans
l'espoir de devenir un jour reine de France,
faisait agir toutes les femmes attachées plus
ou moins légitimement aux seigneurs protestants, et notamment deux maitresses de
son propre mari ; qu'elle-même s'employait
auprès du sieur de Turenne pour déterminer une nouvelle prise d'armes ; de sorte
qu'une rupture appelée gaiment à la cour
de France *la guerre des amoureux*, eut
pour publique et hypocrite préface, le grave
et religieux manifeste de Henri IV.

Malheureusement la théologie ne four-
nissait pas seule des prétextes à ces prises
d'armes qu'on faisait en expectative de la
succession des Valois, et pour se préparer
à la disputer. Le gouvernement, ou si l'on
veut la cour, avait des torts ; mais comme il
arrive trop souvent, ces torts, la plupart du

moins, étaient imputables à ceux-là mêmes qui s'acharnaient le plus à les reprocher.

Dans le *très-chrétien postulat* de monseigneur le prince de Condé et de ses alliés présenté au roi, en 1567, on trouve : « Et d'autant, Sire, qu'étant nés vos sujets, nous sommes obligés de désirer et procurer autant qu'il nous est possible la conservation et sûr établissement de votre état ; voyant le mécontentement de plusieurs *et même* du peuple, à cause des surcharges et nouvelles impositions qui se lèvent sans qu'elles tournent à votre profit, etc. »

Dans une protestation il dit : « Qu'il s'est fait accompagner de grand nombre de seigneurs, gentilshommes et autres de l'une et de l'autre religion, pour aller trouver sa majesté, désirant qu'un chacun entende ses intentions et de toute sa compagnie n'être autre que pour supplier sadite majesté de vouloir convoquer et assembler les états de ce royaume, afin de pourvoir aux *foulles* et oppressions de son *pauvre peuple*, abolir les subsides, surcharges, nouveaux tributs et exactions qui lui ont été mises à sus et imposées depuis quelque temps par la *malice des Italiens,* et remettre toutes choses en leur premier état et splendeur, au soulagement de ses *pauvres sujets,* etc. »

Dans une autre pièce, le prince de Condé et les seigneurs de sa compagnie montrent un peu plus de franchise. Toujours, en parlant des impôts, ils accusent « l'invention et avarice d'aucuns étrangers et même des Italiens au moyen du crédit et faveur qu'ils ont en ce royaume, le tout au grand préjudice de la noblesse qui avait *de tout temps accoutumé d'être exemptée de telles impositions et charges,* lesquelles retombent principalement sur elle, sans qu'il tourne aucunement à l'acquit des dettes du roi, ni à son profit, ains seulement d'aucuns particuliers étant auprès de sa personne et même de gens de basse qualité, lesquels, comme sangsues, tirant la substance d'un chacun, se sont, en peu de temps, enrichis avec une opulence et abondance si excessives, que telles richesses né peuvent être sinon très-suspectes, et faire croire qu'ils tiennent la main à tels forgeurs de *daces* (1) pour en tirer quelques immenses présents, ou pour avoir grande part au butin. »

Voilà bien la *malice des Italiens* expliquée : s'ils eussent respecté davantage la bourse de ceux qui avaient de tout temps *accoutumé d'être exemptés* de telles impositions et charges, si ces *forgeurs de daces* n'avaient pas fait à d'autres personnes d'immenses présents, ou donné grande part au butin, il y aurait eu certainement un prétexte de moins pour prendre les armes, et pour ameuter d'un côté les privilégiés, et de l'autre le *pauvre peuple*.

Au reste, il n'est peut-être pas inutile d'observer en passant que, jusqu'aux approches de la révolution de 1789, le mot *peuple*, dans le langage politique, avait besoin d'être précédé de l'épithète *pauvre*

____

(1) *Daces,* impôts, du latin *dare*.

pour signifier ce qu'il exprime aujourd'hui.
Dans les chroniques, documents, titres, etc.,
de l'an 406, époque de la grande invasion
des Barbares, au 12ᵉ siècle, le mot *populus*
ne désigne jamais que la masse des propriétaires terriens. Au commencement du
13ᵉ siècle apparaissent les expressions de
bourgeois, pour les villes, et de *gens du
plat pays*, pour la campagne ; pour faire
plus court, au 16ᵉ siècle surtout, où les
querelles et l'ambition des grands rendirent
le peuple si pauvre, on prit l'habitude de
qualifier telle la collection d'individus qui
avaient accoutumé d'être exclusivement assujettis aux *foulles* et oppressions. Cette
expression *pauvre peuple*, est donc féodale
et ne peut pas être considérée autrement ;
elle ne doit faire supposer aucune commisération, aucune pitié dans ceux qui l'em-
ploient.

Le besoin de prendre la défense et *tuition*
des Églises réformées françaises, cachait
évidemment d'autres vues, et ces vues ap-
partenaient aux grands de France. L'exem-

ple des princes d'Allemagne les leur avait inspirées. Ils voulaient faire, par le moyen de Calvin, un mouvement analogue à celui qui avait si bien réussi aux protecteurs de Luther. Calvin était plus modéré dans ses demandes avant que des ambitions politiques vinssent réchauffer son ambition de docteur. Voici ce qu'on trouve dans une réponse pour les députés des trois états de Bourgogne, etc., etc., publiée en 1568.

« Or, sai-je bien que l'on répliquera que l'empêchement de l'exercice est l'extermination de la religion, d'autant que l'on dit que nulle religion ne se peut soutenir sans exercice public; mais à ça je réponds qu'il n'y a pas encore dix ans que ceux qui se disent réformés et tous leurs principaux auteurs parlaient bien autre langage. Calvin même exposant ce passage du Psalmiste : *«J'ai en haine la compagnie des mauvais,* « *et ne serai point assis avec les transgres-* « *seurs*,» reprend les anabaptistes, lesquels, poussés d'une outrecuidance, se sont séparés des saintes Eglises, parce qu'ils ne les voyaient point si bien purgées de toutes ordures, comme il serait à désirer. Ce sont ses propres mots , et il dit que ceux qui se séparent ainsi, tombent en la même faute que les donatistes et les cathares du temps passé, rapportant à ce propos un exemple de saint Augustin , fort convenable et concluant : « Que celui qui se doit séparer des méchants , ne laisse pourtant de fréquenter le temple, en tant que le commandement de Dieu, et l'observation prescrite et la loi le requiert. » Calvin dit expressément que la corruption ne doit point empêcher chacun fidèle qu'il ne puisse saintement et en bonne conscience demeurer en la société de l'Eglise, et que le zèle modéré nous doit faire fuir tellement les méchants , que toutefois il ne se sépare point de l'Eglise de Dieu en haine d'eux, et ne nous fasse renoncer à l'union que nous devons avoir avec tous les fidèles par l'ordonnance de Dieu. Quelles Eglises laissèrent les donatistes et cathares , tant blàmés par Calvin , sinon celle même que les réformés laissent aujourd'hui ? Martin Luther, duquel la fête est citée au calendrier de Genève (1), écrivant sur l'épître aux Galates, chapitre **VI**, commentaire dont on fait grande estime en l'Eglise réformée, dit nommément que l'on ne saurait excuser les Bohêmes qui se sont séparés de l'Église romaine ; que cette impiété est chose contraire aux lois du Christ, d'autant qu'elle est contre la charité , dont sont tirées toutes bonnes lois et ordonnances ; ce sont ses mots. Le même Luther (*de decem Præceptis , cap.* **1**) a blâmé et accusé les Pighards, parce qu'ils s'étaient distraits de l'Église romaine ; et combien qu'il dit ailleurs qu'il reconnaît bien les fautes et abus qui y sont, toutefois il dit qu'il ne veut pas s'enfuir comme les hérétiques, et ne veut pas passer comme le Pharisien devant le pauvre blessé à mort , sans lui donner aide, sans mettre de l'huile

(1) Luther n'a pas perdu son rang de saint dans la plupart des calendriers protestants.

dans ses plaies. Et pour ce, dit-il, tant plus que l'Eglise est misérablement malade, tant plus fidèlement nous lui voulons assister, plorants, priants, admonestants et requérants. Car ainsi la chrétienté veut que l'un porte le fardeau de l'autre..... Et encore en l'exposition du psaume CIX, il dit ainsi par exprès : Ceux qui se séparent des mauvais, font comme les Pighards, misérables hérétiques en Bohême, qui fuient les mauvais chrétiens et se mettent à part en un coin. O grands blasphémateurs de Dieu et perdition de Christ ! Si Christ eût fait comme vous faites, qui eût jamais été sauvé ? »

Nous ne craignons pas qu'on nous reproche la longueur de nos citations. Celle-ci surtout nous fait connaître ce que pensaient les sages esprits du temps ; de plus, elle nous rappelle de précieuses paroles que Luther et Calvin ont écrites eux-mêmes, avec leur raison, et non plus avec leur passion excitée, rallumée par le vent des ambitions politiques. Elle nous montre encore à quel point les hommes d'état, ceux à qui les peuples confient leurs destinées, doivent tenir à l'unité religieuse si intimement mêlée à l'unité nationale, qu'elle ne fait plus qu'une seule et même unité.

Depuis l'antiquité la plus reculée jusqu'à nos jours, la religion, comme le mot l'exprime lui-même, n'a été que l'unité nationale. Attaquer la religion, c'est un crime de lèze-nationalité. Dans les Mémoires sur Socrate, Xénophon, son élève et son ami, nous apprend que parmi tous les peuples de la Grèce, la liberté de conscience était bannie comme une effroyable impiété; qu'il y avait une religion que chaque état reconnaissait et faisait professer; un culte que les lois rendaient obligatoire, et aux règles duquel nul n'avait le droit de déroger. Il ajoute encore : que non-seulement personne n'avait le droit de se faire des dieux l'idée qu'il lui convenait et de les adorer à sa fantaisie, mais encore que chacun était tenu de prier ceux qui étaient reconnus par l'état, et de sacrifier selon ses facultés.

C'est pour avoir outragé la nationalité dans les croyances et les rites populaires que Socrate fut condamné. Les premiers chrétiens ne furent persécutés que par ce grand motif politique, et ils le savaient bien ; ils se mirent en guerre avec les nationalités existantes pour les changer, pour les sanctifier. Se soustraire à l'Eglise qu'ils ont fondée, c'est non-seulement rejeter le prix de leur sang généreux, c'est encore outrager les nationalités modernes dans ce qu'elles ont de plus intime.

S'il est un pays où le catholicisme se soit étroitement lié à la nationalité, c'est la France. Les évêques, c'est le protestant Gibbon qui l'observe, ont formé ce royaume. Malgré l'opinion de certains historiens de l'Eglise gallicane, qui n'est qu'une espèce de religion d'état exigée par le despotisme de Louis XIV et formulée par Bossuet dans un moment de faiblesse et d'erreur, l'origine du christianisme en France date du premier siècle. Qu'il y ait eu quelque langueur, quelque intermittence ou quelque séquestration entourée de silence, c'est possible; mais à moins de vouloir nier tout-à-fait la valeur des traditions, on ne peut s'arrêter à l'époque indiquée par Grégoire de Tours.

Ainsi, à peine les ouvriers de l'Evangile partirent-ils pour la conquête des âmes que les habitants de la Gaule méritèrent d'être appelés par la suite, dans la personne de leur chef, fils aînés de l'Eglise. Sans vouloir flatter notre nation, on peut dire que chez nulle autre la religion n'a été plus étroitement liée aux bonnes mœurs, à la pratique des vertus sociales. Aussi les missionnaires de la réforme ne purent-ils jamais obtenir le pardon des outrages faits par eux à la nationalité française. Traîner les images de la Vierge et des saints dans les ruisseaux comme ils firent d'abord à Paris, semer des graines d'épinards sur un chemin où de dévots pénitents devaient passer nu-pieds allant en pélerinage, comme ils firent à Aix, etc., tels étaient les témoignages et les preuves dont ils appuyaient leurs

prédications; mais je me trompe, ils pre-
chaient contre les saints, contre le culte
extérieur, afin de montrer à leurs partisans le butin qui les attendait; c'était
Napoléon disant à ses soldats, à la première
vue des plaines de la Lombardie : « Vous
voulez des souliers? vous voulez du pain ?
vous en trouverez devant vous. » Partout
où ils parvenaient à séduire assez de mauvais sujets pour ouvrir l'entrée d'une ville à
ceux de leur faction, ils couraient vite aux
églises pour piller tout ce qu'elles renfermaient de précieux , ainsi qu'ils firent au
Marais (1), le 3 avril 1562, exerçant toute
sorte d'outrages et d'horreurs contre ceux
qui avaient méprisé leurs déclamations,
pillant les églises , fouillant dans les sépul-
cres, brûlant le couvent des Cordeliers, etc.
Ils oubliaient, ces pervers, que le pauvre
n'a souvent d'autre bien que ses croyances,

(1) Nous citons au hasard les excès du protestantisme qui nous viennent les premiers en
mémoire.

comme un de nos vétérans à qui il ne reste plus pour consolation et pour fortune que la gloire de la grande armée. Ils pouvaient bien le plus souvent ne pas réussir à surprendre, mais toujours est-il que leurs prédications contre les saints et les pratiques du catholicisme étaient leurs allocutions militaires, et les objets précieux du culte, les primes d'encouragement offertes.

Avec cette rage insultante de blesser la nationalité française, le protestantisme n'aurait rallié presque personne en France, si les grands n'y avaient aidé. C'est dans les pays où les liens féodaux avaient le plus de puissance, que la réforme recrutait avec le plus de facilité ses armées; et quand ces pays étaient pauvres, quand ils avaient à leur voisinage d'autres pays plus riches, les prédications avaient encore plus d'effet. Qu'on se figure le travail d'imagination qui se faisait dans la tête des montagnards gascons, basques, cévenols ou dauphinois, au nom prononcé de Bordeaux, de Toulouse, de Nîmes, de Montpellier, de Marseille et de

Lyon. Oh! que de saints d'argent, que de vases sacrés à prendre dans ces villes! Qu'on aurait de bonheur si l'on pouvait s'en emparer! Les compagnons de Lesdiguières, ce roi du Dauphiné, sont venus dix à douze fois en Provence et toujours immanquablement avec l'idée de pénétrer jusqu'à Marseille où ils n'ont pu mettre le pied toutefois, bien que jamais ils ne soient rentrés dans leurs montagnes, les mains vides.

Du reste, bien qu'on reconnaisse que les protestants de France actuels sont dans nos montagnes du midi un peu plus portés à savoir lire que nos paysans catholiques de la plaine, ce qui n'induit pas toutefois à supposer chez les uns plus de véritable bon sens que chez les autres, il n'en est pas moins vrai que ceux qui ont endoctriné leurs pères n'ont jamais fait que rabâcher sans cesse les mêmes impertinences, contre le culte des saints et les pratiques de l'Eglise romaine. La reine Elisabeth se félicitait d'avoir au moins dans son Eglise anglicane des ministres plus présentables et plus décents que les pasteurs calvinistes de France. Les grands avaient attiré auprès d'eux des savants pour avoir l'air de n'abjurer que par bonnes raisons, laissant à leurs vassaux et alliés des montagnes ou de quelques faubourgs des villes, un tas d'aventuriers qui cherchaient, en attendant mieux, à se faire nourrir par les paysans qu'ils ameutaient plus ou moins directement contre les riches et les bourgeois, dont certes ils ne voulaient point pour prosélytes; car ils leur auraient échappé comme victimes.

Voyant la répulsion qui naissait chez le peuple à leur aspect, les protestants n'oubliaient pas de le flatter, de chercher à le gagner à leur cause; voici ce qu'on lit dans une prétendue requête au roi de France : « .... Les plus étranges exactions et impositions que jamais on saurait imaginer, entre lesquelles qui est-ce qui pourrait dire que tous les anciens et modernes architectes et inventeurs d'iniquité et tyrannie en aient pu forger une si détestable que la taille des consignations pour avoir ouverture de juslice, de laquelle le roi nous est detteur, voire tellement detteur que s'il ne la rend et ne la fait rendre entièrement à ses sujets, nous ne savons plus comment nous le devons appeler? Que fera le pauvre, lequel, pour recouvrer son bien usurpé par le plus puissant, ne peut avoir entrée ni recours à la justice, s'il ne fait premièrement une dépense, combien qu'il n'ait aucun moyen de se soutenir et nourrir lui et sa misérable, petite et indigente famille? »

Nous remarquerons, au sujet de cet impôt, qu'il regardait bien plus les seigneurs que le pauvre peuple : *qui a terre, a guerre.* Les seigneurs ou leurs intendants étaient plus portés à réclamer, à exiger que les vassaux ; et quant aux usurpations du plus puissant, il n'en était guère qui ne fussent depuis long-temps consommées et passées en droit de chose jugée. Les réclamations ne pouvaient plus être faites contre certaines prétentions nouvelles, que par des corps de vassaux, par des communautés, et c'est ce qu'on voit dans les registres des parlements depuis le seizième siècle jusqu'à **1789** ; mais d'un **vassal** à son seigneur, il n'y avait pas grand'chose à réclamer par voie de tribunaux, tandis que la misère des temps mettait toujours plus les vassaux en retard d'acquitter leurs charges, et multipliait du côté des seigneurs les sujets d'assignation. On voit donc que cet impôt n'était si odieux aux nobles que parce qu'il retombait en grande partie sur eux.

« Et ne faut pas estimer, ajoute-t-on, quand vous réclamez en vos titres que vous êtes roi par la grâce de Dieu, que Dieu ne se serve de ce moyen pour vous départir cette grâce, c'est à savoir du consentement volontaire de vous obéir qu'il met au cœur de vos sujets ; lequel si Dieu leur avait ôté ou à la plupart (que je n'avienne), vous sentiriez une grande ou totale diminution de votre royauté, car vous et nous, grands, moyens et petits hommes que nous sommes, ce que nous sommes, c'est par la faveur et grâce de Dieu. Davantage l'on sait assez que par le monde y a infinis peuples et a

eu de toute mémoire qui se sont bien pas-
sés de rois ; mais, au contraire, il n'y eut
jamais roi qui pût être sans peuple et sujets. De quoi s'ensuit que le roi est établi,
pour le bien de son peuple seulement et
non le peuple pour celui du roi, sinon autant que le roi rapporte tous ses biens et sa
dignité à la conservation de son peuple
universellement..... sans avoir particulier
respect à cettui-ci et cettui-là, puisque ce
n'est ni cettui-ci ni cettui-là qui le fait roi,
mais le consentement universel de tout son
peuple. »

Puis on se plaint « de ce qu'on a bâti par
les bonnes villes les forteresses des tyrans
que d'aucuns appellent *citadelles*, les autres *châti-villains*, ayant le front tourné
vers les habitants de nos villes, avec une
force furieuse, comme de bouches de canon
et autre artillerie.... Voyant que ce même
esprit de Dieu nous a suscité ces *seigneurs*,
vraie semence d'Abraham, assez puissants
pour résister en l'une et l'autre entreprise
c'est-à-dire de la part du roi, détruire

l'hérésie et remplacer l'ancienne cour),
sommes délibérés et résolus avec eux d'ex-
terminer vos ennemis et les nôtres, et pour
cet effet, n'épargner ni nos vies, ni nos
biens que nous tenons de Dieu pour les
employer à sa gloire, et après à votre obéissance..... »

Ces seigneurs, *vraie semence d'Abraham*,
s'entendaient, comme on voit, à semer des
idées séditieuses et à nourrir le mécontentement des villes menacées par la face furieuse des *châti-villains*. On voit aussi que
certaines phrases des clubs de 92 avaient
été déjà formulées par des grands en 1568,
avec d'autres intentions ultérieures, il est
vrai.

Après avoir parlé au roi au nom du
peuple, mais non pas à ce qu'il paraît au
nom du *pauvre* peuple, distinction qu'il
faut toujours faire, la noblesse donnait à
son peuple à elle l'avertissement qui suit :

« La meilleure partie des gentilshommes
de France, tant de la religion romaine que
réformée, et la plus affectionnée au repos

public et principalement au soulagement du peuple auquel ils doivent tout support et faveur, tant pour le fruit qu'ils reçoivent de son labeur, qu'étant sujet à leurs justices, lui en doivent l'administration, laquelle n'est pas restreinte à leur faire droit seulement ès-causes justes, civiles ou criminelles, mais s'étend aussi en la protection des injures, foulles et oppressions, connaissant qu'il n'est plus possible que ledit peuple puisse porter le joug si cruel de tant d'impôts, tributs, subsides, exactions qui se font pour les tailles ordinaires tellement excessives qu'elles surpassent toute ancienne mesure, même celle qui avait été créée au plus dur temps de la guerre, et que l'argent qui se recueille de telles exactions extraordinaires est dissipé partie en choses vaines et légères, partie ravi par l'insatiable avarice d'aucuns petits galants que l'on dit tellement posséder la reine, qu'ils sucent d'elle tout ce qu'elle épuise de la noblesse et du peuple.... A quoi lesdits gentilshommes délibèrent remédier le mieux qu'ils peuvent selon le moyen que Dieu leur en donnera ; et , pour cet effet, n'épargner ni les biens , ni les vies , estimant appartenir à leur devoir d'employer pour entretenir la grandeur de ce royaume en son entière splendeur, et n'en laisser rien perdre , ni altérer, s'il est possible , pour le *changement* des rois ; lesquels combien qu'ils meurent comme les autres hommes, toutefois le royaume ne mourra tant qu'il plaira à Dieu entretenir au cœur des gentilshommes cette *ancienne* générosité de leur noblesse, lesquels pour ces occasions ont estimé être bon d'avertir le peuple, attendant que Dieu nous ait ouvert *quelque bon moyen* de réformer ce que nous voyons de confusion et désordre au mouvement de ce royaume, et qu'il ait plu au roi, ayant pitié de la *pauvreté* de sa noblesse et de son peuple (qui a procédé de l'unique invention des Italiens), réduire toutes choses en l'état que les laissa le roi Louis XII , son aïeul , surnommé pour sa vertu et bonté , père du peuple, duquel à jamais ce royaume célèbre la mémoire avec tout honneur et joie, qu'ils aient à discontinuer de payer ci-après les subsides inventés par les Florentins et les Italiens qui sont : 7 sols 6 deniers pour queue, pipe ou tonneau de vin, et les 100 sols pour les consignations, et les 6 deniers pour livre aux hôteliers. Et si d'adventure il se trouvait quelques gentilshommes qui voulussent contraindre leurs sujets (car souvent il se trouve entre les oiseaux de gentille nature des *buisards*), lesdits sujets enverraient leur plainte là où sera l'assemblée de la noblesse, pour y être donné tel ordre que le repos de chacun s'ensuive. »

Il ne manquait donc rien à ces temps malheureux, pas même les droits réunis, dont en 1814 les mêmes hommes auxquels cette sorte d'impôt avait été fort utile, reprochèrent la conservation à Louis XVIII qui n'y pouvait rien, malgré l'allocution indiscrète de son frère.

Il est vrai que la cour aurait bien dû se vider de tous ces petits galants que l'on disait posséder la reine et sucer d'elle tout ce qu'elle épuisait de la noblesse et du peuple. Mais, pour cela, il aurait fallu une loi ou un usage ou un point d'honneur qui, en admettant des femmes étrangères pour épouses de nos princes et de nos rois, leur défendît de protéger, d'avancer leurs cousins, leurs amis, leurs compatriotes; il est à croire que si pareille prohibition eût existé, une partie de la noblesse aurait bien pu en profiter, mais jamais le peuple.

D'un autre côté, la cour ne pouvait que s'alarmer de ce *changement* de rois qu'on laissait entrevoir et de ce *bon moyen* de réforme dont on attendait l'occasion, tandis que le peuple n'avait pas trop à se confier en l'*ancienne* générosité de la noblesse, et pouvait toujours craindre qu'on ne secourût la *pauvreté* de cet ordre aux dépens de la sienne propre.

Nous avons ouï de notre temps un semblable langage; nous avons entendu proférer de telles plaintes, et nous savons ce qu'elles voulaient dire. Le conseil de porter plainte à l'assemblée de la noblesse contre les *buisards* qui se pourraient trouver entre les oiseaux de gentille nature, ne devait pas complétement rassurer ; les juges auraient bien été les pairs des coupables, mais non pas des plaignants, ce qui changeait beaucoup la face de ce recours, surtout en un temps de brigues et de dissensions.

Dans toutes ces pièces, on reconnaît pleinement que ce que les gentilshommes avaient le plus à cœur, ce n'était pas le libre exercice du culte réformé. Dans la dernière surtout, il n'en est pas question ; mais c'est que la noblesse professant la religion romaine n'était pas étrangère aux vues de celle qui, pour aller à son but, avait endossé la cuirasse de la réforme. Il commençait à se dessiner de plus en plus, ce juste-milieu qui, sous le nom de politiques et de *bigarrats* (dans le Midi), était venu s'interposer entre les deux partis extrêmes pour en finir, mais plus à l'avantage de la noblesse, comme on peut croire, que du peuple.

On a déjà fait cette observation que la plupart des grandes familles s'étaient partagé les rôles et peut-être même les avaient tirés au sort ; qui pour la réforme, qui pour le catholicisme ; en d'autres termes, qui pour les Guises, qui pour les Bourbons. Avec cet arrangement, le vainqueur pouvait toujours venir au secours du vaincu, et neutraliser pour la famille les chances de la fortune. Quand on vit que la discussion traînait trop en longueur et que les Bourbons avaient beaucoup plus de chances que leurs rivaux, gens de mérite et chers au peuple, mais dont les titres étaient trop hasardeux, le parti des politiques se forma, parti que les ligueurs, et surtout ceux du midi, eurent bientôt plus en exécration que les huguenots mêmes.

Voici comment les hommes sages répondaient à la demande du libre exercice, prétexte plutôt que motif des diverses prises d'armes que faisaient les grands, prises d'armes pour lesquelles des incidents naissaient toujours au besoin, quand la pacifi-

cation paraissait le mieux assurée. C'est dans
une réponse pour les députés des trois états
de Bourgogne, contre *la calomnieuse accusation,* publiée sous le titre d'Apologie de l'édit
du roi pour la pacification de son royaume.
On y dit : 1° Pourquoi les remontrances du
pays de Bourgogne n'ont requis la punition
rigoureuse des hérétiques, selon les anciennes ordonnances, mais se sont arrêtées à la
réquisition qu'il n'y eût qu'une religion exercée ; 2° que l'Eglise, d'après le témoignage
même des plus anciens pères ne peut recevoir
l'exercice de deux religions ; 3° et que ceux
qui veulent être réformés ne doivent désirer
la liberté de l'exercice, comme ils le prétendent, s'ils veulent garder les doctrines de
leurs principaux ministres. Dans cette réponse, on voulait en outre que nul ne fût
recherché pour sa conscience ; qu'on fût
libre de s'abstenir de la messe ; qu'il fût
permis à chacun de vivre en sa maison dou-
cement, y priant Dieu à *privée mégnie* sans
assemblée publique ; 4° on y disait aussi
qu'il ne fallait pas attendre l'issue d'un

concile, et que les conciles ne font pas cesser l'obstination des hérétiques ; 5° que l'émotion du peuple en armes ne doit jamais, en la république, *remporter* la loi que le peuple demande, et que le peuple accoutumé à donner la loi aux monarques subvertit la monarchie ; 6° qu'il n'est si dangereux de tolérer en la république chrétienne les Grecs exerçant leur religion, que ceux de l'Eglise qui se dit réformée, avec la liberté de l'édit ; 7° que la liberté des Juifs n'est préjudiciable en la république chrétienne comme la licence des religions nouvelles qui se disent réformées ; 8° que celui qui erre et toutefois demeure en la communion de l'Eglise sans se séparer, n'est pas à traiter comme hérétique ; 9° que la collation et dispute de l'écriture avec ceux qui sont séparés n'est pas seulement sans profit, mais prohibée par les apôtres et leurs successeurs en la doctrine apostolique ; 10° sur le reproche qu'on faisait à quelques ecclésiastiques d'avoir excité le peuple à tuer et massacrer, on dit que c'est mal à propos mettre telle chose en avant, sur laquelle toutefois on peut bien dire que si quelques ecclésiastiques ont excité les fureurs du peuple, ce n'ont été que ceux qui se disent de l'Eglise réformée, lesquels on ne peut nier avoir fait les *ambassades en Allemagne* pour en tirer ces harpies furieuses qui sont venues ravir la substance de notre pauvre peuple ; lesquels on a toujours vus au camp comme s'ils eussent été trompettes pour corner les alarmes, et non-seulement suivis de promoteurs de cette cruelle guerre jusqu'à la fin, mais y conférer leur aide et secours, et de force et de bien tant qu'ils ont pu, si que leur arrivée en France a été commencement de notre discorde civile et leur départ la fin.

Les représentations et observations qu'on vient de lire sont excellentes. On y montre aux chrétiens ce qu'ils peuvent faire, quand il ne se trouve pas en eux assez de foi ; mais c'est ce qu'ils ne font point, quand leur incrédulité ou leurs erreurs sont un aliment à leurs passions, ou à celles d'autrui. Alors surtout, on envoie des *ambassades* en Allemagne pour en tirer des reîtres et des lansquenets. Il est vrai que les rois en tiraient aussi, et que les ligueurs ont eu des relations avec l'Espagne. Mais de la part de l'Espagne, il y avait représailles dans les secours qu'elle accordait à la ligue; le duc d'Alençon, frère de Henri III, avait bien tenté de ranger sous sa loi tous les Pays-Bas et les Flandres, de se faire une souveraineté de ces pays, dont la maison d'Orange ne put avoir qu'une partie; et, à cet effet, il s'était bien allié, lui aussi, avec les protestants de France et de l'étranger, se souciant fort peu que la soldatesque allemande qui, pour venir le joindre, traversait le royaume de son frère, y commît toutes sortes d'excès et d'horreurs. Je ne sache pas qu'on ait à reprocher aux auxiliaires envoyés directement par Philippe II, de pareilles atrocités, et même les troupes du duc de Savoie, son gendre, ne firent en Provence rien de semblable à ce que se permettaient dans le reste du royaume les lansquenets et les reîtres.

A propos de ces Savoyards, que la partie
du Parlement restée à Aix avait appelés,
leur entrée pompeuse dans cette ville fut le
point culminant de leur faveur. Le peuple,
en voyant autour du duc de Savoie une si
grande foule de gentilshommes, se mit à
penser qu'il faudrait doubler d'écus d'or
au soleil leurs belles casaques de velours
bleu, et n'en voulut plus. Son indignation
surtout fut extrême, quand il vit persécuter
la comtesse de Sault qui, pendant quelque
temps, avait été à la tête de la ligue provençale. Il se passa même, à cette occasion,
des choses que nous ne croyons pas hors de
propos de faire connaître.

Déjà la ville de Marseille, en écrivant à
une commune, sur laquelle elle s'arrogeait
une supériorité plutôt éludée que contestée,
et en priant les consuls de se « contenir et
conserver toujours sous l'état royal et couronne de France, en l'obéissance de mon-

seigneur le duc de Mayne (Mayenne), lieu-
tenant-général dudit état, » leur avait dit :
« Et prendrez exemple à ce qui est na-
guère advenu à Arles, de la mort du sieur
de la Rivière, premier consul (partisan du
duc de Savoie) ayant tous les Savoyards été
chassés de la ville et tout le peuple demeuré
résolu de soutenir *la fleur de lis de la liberté
françoise,* » expression singulière, qui n'exprime pas trop mal l'esprit de la ligue dans
le midi, et principalement à cette époque.
« Vous souvenant, disaient une autre fois
les mêmes autorités de Marseille à leurs voisins, de vouloir toujours *être bons catholiques et François.* » Puis quand la comtesse
de Sault, retenue prisonnière par le duc de
Savoie, se fut sauvée à Marseille, et que le
duc vint la réclamer à la tête de toutes ses
troupes, oh! alors il faut voir comme la
fille de Phocée repousse le duc Emmanuel
qu'elle n'avait jamais admis dans ses murailles.

A cette époque, le monastère de Saint-
Victor n'était pas encore enfermé dans la

ville. Le sieur de Méolhon, fils de l'ancien gouverneur de Marseille, Pierre Bon, seigneur de Méolhon et de Montalban, commandait le fort de Notre-Dame-de-la-Garde, dont Bachaumont s'est moqué avec beaucoup d'esprit; mais qui, dominant le port et la ville, pouvait y faire du mal. Dans une des nuits de novembre, le sieur de Méolhon, sur un ordre qu'il avait reçu de Son Altesse et de la cour du Parlement, avait fait entrer, par surprise, dans le monastère deux cents *cuirasses*, et trois ou quatre cents arquebusiers. Ensuite, il fit savoir que certains décrets de prise de corps avaient été lancés tant contre les capitaines de quartier de la ville d'Aix, que contre plusieurs serviteurs de la comtesse, retirés à Marseille, et qu'un ajournement personnel avait même été prononcé contre la comtesse de Sault...

Le jour d'après, Son Altesse envoya loger tout le reste de sa cavalerie autour de Marseille dans les bastides qui furent presque toutes pillées et ravagées. On menaçait les

paysans de tout violer, de tout abattre, de
tout brûler, s'ils ne faisaient décider ceux
de la ville à jeter la comtesse de Sault et les
siens des murailles en bas. On espérait, par ce
moyen, disposer le peuple à une sédition et
s'ouvrir, en le divisant, une plus facile entrée dans la ville. Mais les magistrats ne
voulurent jamais permettre qu'on reçût
personne pour parlementer.....

Tous les chefs de famille furent appelés
en assemblée générale. Le viguier et les
consuls firent planter au haut de la maison
commune, à la vue de tous ceux qui venaient à cette assemblée, un grand étendard
de damas cramoisi, semé des armoiries
de France, que le vent faisait ondoyer, et
tous ceux qui arrivaient à la commune sen-
taient leur cœur tressaillir à ce noble sym-
bole d'indépendance nationale et de patrie. Jamais l'assemblée n'avait été si nombreuse. Il y fut résolu, tout d'une voix,
que les interpellations déjà faites au sieur
de Méolhon et aux autres qui étaient dans
Saint-Victor ayant été inutiles, on les som-

merait, pour la dernière fois, de désemparer ledit lieu sans plus de remise , faute de quoi, on les canonnerait et on les rangerait par force au devoir. On renouvela la déclaration de ne reconnaître d'autre autorité que celle de M. de Mayenne , immédiatement , et de donner tout pouvoir et autorité sous lui et pour le fait de la guerre au viguier et aux consuls. Les marchands , dans une assemblée particulière, se cotisèrent volontairement jusqu'à la somme de vingt-cinq mille écus pour subvenir aux frais ; on fit des préparatifs pour soutenir un siége au besoin. Huit pièces furent placées à la Tourette, non loin de la Tour-de-Saint-Jean, et en face du monastère, qui est de l'autre côté du port. Des députés se mirent en marche pour aller faire la dernière sommation, et le viguier, les consuls et quelques autres chefs, la mèche allumée, attendirent leur retour. La réponse ayant été semblable aux précédentes, le viguier et le premier consul mirent le feu pour donner le signal et montrer ce qu'il fallait faire. Au même instant la Tour-de-Saint-Jean, toutes les frégates (1) qui étaient dans le port, et toutes les pièces qu'on avait braquées en divers lieux contre le monastère, firent partir leurs volées aux cris de joie de toute la population.

Il était déjà tard quand on avait commencé. Le lendemain, au point du jour, le feu reprit aussi vivement que la veille ; un grand pan de muraille, plus avancé vers la ville que tout le reste, fut en partie abattu. Le troisième jour on était en disposition de raser tout-à-fait cette muraille, quand le fort Notre-Dame-de-la-Garde commença de canonner la ville avec six pièces. On croyait que le peuple serait mis en tel effroi, qu'il se

(1) On appelait alors *frégates* de petits navires à voiles et à rames portant quelques pièces d'artillerie, et en général des *vorses,* espèces d'obusiers. Comme il y avait des navires de ce genre pour le commerce, ceux de guerre étaient appelés quelquefois *frégates rouges,* parce qu'ils étaient peints en cette couleur ainsi que les galères.

révolterait, mais il n'en fut rien ; les bouti-
ques furent ouvertes ce jour-là comme elles
l'avaient été les jours précédents ; il n'y eut
pas le moindre trouble, ni âme vivante
qui osât parler en faveur de Son Altesse.

Le baron de Méolhon, par l'entremise
des religieux de Saint-Victor, parlementa
enfin. Il consentit à laisser la place entre
les mains des religieux ; d'un autre côté,
l'armée savoyarde délogea des hameaux
et bastides du territoire, non sans regret
de ce beau butin de Marseille qu'on s'était
sans doute promis... (1).

(1) Ce récit a été extrait d'une *Histoire de
la Ligue provençale*, écrite d'après et au moyen
d'un grand nombre de pièces officielles, parmi
lesquelles des lettres du duc d'Epernon et d'autres chefs qui, le plus souvent, ont été liées à
la narration. Cet ouvrage, encore inédit, présente surtout de curieux détails relativement à
la manière de faire la guerre en ce temps-là et
d'administrer les communes ; détails que jusqu'à présent on ne trouve pas ailleurs, et qui
ne servent pas médiocrement à donner l'intelligence de cette singulière époque.

XV.

Explication plus particulière de la ligue.

Revenant à cette expression si originale, *fleur de lis de la liberté française*, nous dirons qu'elle renfermait beaucoup plus de sens encore qu'elle ne semblait en montrer. Il en est à peu près de même de tous les cris de ralliement politique. Le besoin de défendre la foi catholique n'était pas un prétexte chez un ligueur, comme l'exercice libre du protestantisme en était un chez les grands; mais par cela même que ceux-ci ne cherchèrent jamais qu'un motif vrai ou faux pour prendre les armes, et ne virent dans toute pacification qu'une halte pour reprendre des forces et recevoir des renforts, il est absolument nécessaire de jeter un coup d'œil en arrière sur quelques événements antérieurs à la réforme, et qui serviront à expliquer mieux cet empressement des grands seigneurs à se jeter à la suite d'un moine impudent comme Luther, et d'un aventurier comme Calvin.

La création d'une milice permanente avait permis aux rois de ne plus recourir aux bans de la féodalité. Louis XI avait pensé qu'il lui en coûterait encore moins de prendre à sa solde des troupes étrangères, que d'avoir à satisfaire les exigences de la noblesse armée, et le protestant Lanoüe dit *Bras-de-Fer*, dans ses curieux *discours politiques et militaires*, voudrait que l'on convertit le service en nature des fiefs en service d'argent qui permettrait d'enrôler des hommes propres au métier, de les monter, de les équiper, et solder. Ce brave Lanoüe, qui resta fidèle à sa secte et qui parut avoir été de bonne foi, reconnaissait donc que le service féodal qui n'avait pas cessé d'être payé par les peuples, devait être rendu d'une manière quelconque par ceux qui en touchaient le prix.

L'institution des parlements ne laissait plus aux seigneurs que les premiers degrés de justice dans leurs domaines, et les provinces n'étaient plus gouvernées que par des délégués du roi; les frais de guerre et ceux de gouvernement, ainsi qu'une partie des frais de justice, frais représentés par les droits féodaux de toute espèce, ne devaient donc plus être prélevés par les seigneurs; ils ne devaient plus toucher le salaire des fonctions qu'ils avaient cessé d'exercer; héritiers fractionnaires du gouvernement romain, ils avaient dû en abandonner à qui de droit les revenus, du moment qu'ils n'en remplissaient plus les charges; l'abandon des droits en un mot aurait dû suivre la renonciation aux devoirs.

Les dimes seigneuriales, tasques, champarts, etc, ne devant plus servir à payer leurs propres hommes de guerre, n'avaient plus que faire d'être mises en leur main; elles manquaient leur emploi. Puisqu'ils n'avaient plus à protéger les voyageurs, qu'ils avaient toujours fort mal protégés du reste; puisque ce n'était plus à eux d'entretenir, de réparer les chemins, pourquoi leur laisser prendre toujours des droits de *por-*

tage, *de péage*, etc. ? Il en était de toutes
ces choses comme des moulins et des fours
banaux, par exemple ; le seigneur, moyennant la rétribution qu'il exigeait, devait
fournir l'œuvre complète. C'était un entre-
preneur privilégié ; la conduite de la guerre
et l'administration n'avaient été de même
pour lui dans les temps de féodalité pure
que des entreprises privilégiées, que des
baux à ferme avec le suzerain ; ainsi que le
sont à peu près encore les diverses branches
de l'administration et du gouvernement
turcs.

Il n'est pas douteux que les seigneurs
sentissent le besoin de détourner de leur
injustice les regards du peuple ; mais ils
n'en pouvaient venir complétement à bout ;
et, quand le tiers-état réclamait contre les
tailles nouvellement instituées pour payer
au roi les frais de guerre et de gouvernement, il ne prétendait certainement pas
ne point payer du tout, mais il voulait faire
entendre qu'on ne devait pas le mettre

ainsi deux fois à contribution pour les mêmes objets.

En vain les seigneurs se disaient-ils que la prescription était en leur faveur; le tiers-état avait toujours le droit d'alléguer que le prix d'un service non rendu n'était pas de nature à prescrire, et le cri de 1789 pouvait être proféré un jour ou l'autre.

Voilà pourquoi les seigneurs rêvaient sans cesse le retour de la féodalité pure; voilà aussi pourquoi s'éleva la guerre de la fronde, qui avait bien son côté sérieux, quoique son côté ridicule fût le plus apparant; voilà pourquoi Louis XIV, dans ses intérêts de premier gentilhomme sans doute, donna si souvent gain de cause à la noblesse, et favorisa des prétentions, la plupart nouvelles; car généralement à cette époque, la féodalité cherchant à regagner sur un terrain ce qu'elle se voyait menacée de perdre sur l'autre, était parvenue à rendre douteux et problématiques des usages, des propriétés mêmes qui ne l'étaient pas du tout auparavant. C'est sous Louis XIV, et à l'aide de ses ordonnances, que les jurisconsultes, toujours habiles à faire valoir leur métier, embrouillèrent le plus les matières féodales ; c'est alors qu'on chercha mille moyens d'étendre les usurpations du sol, d'accroître la propriété foncière des seigneurs aux dépens des particuliers, et surtout des communes ; car on se croyait sans cesse au moment de voir révéler d'une manière formelle les usurpations de revenus publics et de finances.

C'était même dès l'origine, à retarder ce jour fatal, que tendait cette première ligue du *bien public* arrangée par les seigneurs contre Louis XI, et toutes les autres associations de grands et de gentilshommes formées dans le seizième siècle.

Or, ce cri de 1789, c'était *la fleur de lis de la liberté française!* Tous les autres cris qu'on a pu proférer depuis, la France les a dès long-temps répudiés. C'étaient des cris de factions, ce n'était plus un cri purement national ; ce n'étaient plus surtout des cris catholiques, et voilà pourquoi ils produisirent des effets si désastreux.

On n'a pas assez observé une certaine particularité de la ligue catholique, venue après la confédération protestante de Milhau, et encore après cette autre association dite des *malcontents* et des *politiques*, qui s'était formée sous les auspices des chefs de la maison de Montmorency, pour écarter, disait-on, de la cour le duc de Guise, leur rival, et affaiblir l'autorité de la reine-mère dans le conseil du roi, association amphibie qui s'unit bientôt aux chefs protestants, parce que les véritables vues étaient les mêmes de part et d'autre. Cette particularité, c'est que la ligue vraiment catholique, autrement appelée *confrérie du Saint-Esprit*, était sous la même invocation que toutes ou presque toutes les communes du midi de la France. Là tous les hôtels de ville, toutes les salles de conseil étaient appelés *ostals del Sant-Espérit*, maisons du Saint-Esprit, titre qui rattachait les communes à l'Église, au cénacle; les consuls étaient presque partout au nombre de trois en l'honneur de la très-sainte *Trinité*, et quelquefois même, comme dans la ville de Montpellier, dans le douzième siècle, au nombre de douze en l'honneur des apôtres.

Ce ne fut peut-être pas un des moindres griefs de la ligue contre Henri III, que cette institution de l'ordre du Saint-Esprit, lequel dut paraître plutôt imaginé contre elle que pour elle. On dut voir dans cette institution un autre développement de l'idée qui avait suggéré l'édit de pacification de 1576, par lequel Henri III donnait la victoire à la noblesse protestante en lui laissant la possession de ses villes et de plusieurs provinces, tandis que d'autre part les chefs non protestants et qui gouvernaient au nom du prince, adhéraient avec tant de ténacité à leurs gouvernements qu'ils étaient devenus pour le public les *rois* du Languedoc, du Dauphiné, de la Provence, etc.

En ces temps où trois couronnes visaient à la monarchie universelle, l'Autriche, la France et l'Angleterre, nos rois durent approuver l'œuvre de Louis XI, qui avait bravé tant de haines pour constituer l'unité française. Dans le besoin qu'ils éprouvaient de défendre leur personnalité souveraine, Louis XII, François 1er et Henri II avaient trouvé plus de simplicité, et de facilité dans la nouvelle organisation que Louis XI avait assurée à la France et qui écartait toujours plus les chances d'un démembrement; mais, tout en convoquant des états-généraux pour avoir des forces, ils avaient soin de mettre obstacle à ce que le cri plus tard proféré en 1789, pût se faire entendre; et, composant ces assemblées des mêmes éléments que les anciens plaids de la monarchie purement féodale, ils avaient soin d'y faire voter les impôts précisément par ceux qui n'avaient pas à les payer.

Seulement, dans l'assemblée de 1561, où on isola les ordres, le clergé consentit à toutes les mesures financières, même à celles qui devaient peser sur ses biens; mais les grands propriétaires, parmi lesquels les députés du tiers, presque tous maires de grandes villes, ne voulurent accorder qu'un impôt sur les boissons, lequel ne devait charger que le peuple.

Toutes ces réflexions, qu'on ne pouvait s'empêcher de faire, rendirent la cour et surtout Henri III, véritable Janus à deux visages, des objets d'animadversion pour le peuple, autant et plus peut-être que les protestants. D'un côté, on ne voulait pas de ceux qui offensaient la nationalité française, en déclamant à tout propos contre le catholicisme et la juridiction du pape, ainsi que les Bourguignons et les Visigoths avaient blessé la nationalité gauloise par leur insolent arianisme; de l'autre, on ne pouvait croire que cette alliance de la cour et des seigneurs non protestants avec les champions simulés de la réforme, avec un prince comme le roi de Navarre, qui déjà une fois avait cru pouvoir accepter la messe, ne couvrît pas quelque mauvais dessein.

On ne se rendait peut-être pas bien compte de ce qu'on voulait; mais on ne voulait point de ce que les chefs protestants,

aidés de Henri III et plus tard du roi de
Navarre, pouvaient machiner dans les dé-
dales infinis de leur politique.

Quelque animée toutefois que la ligue
se montrât contre les grands, il ne faut pas
croire qu'elle nourrît des projets tels que
des mécontents de nos jours pourraient en
concevoir. Ces chefs de la ligue provençale,
dont nous avons cité déjà quelques expressions, peuvent bien reprocher à leurs voisins
de pernicieuses entreprises, non-seulement
contre Marseille, mais encore contre *Dieu
et la république*, sans qu'on songeât le
moins du monde à faire de la France un pays
commandé par un certain nombre de des-
potes qui se nommeraient la république par
réminiscence d'école et surtout par dérision;
car, à la même époque, ces chefs, calom-
niés depuis, ne parlent que de se conserver
sous *l'état et couronne de France* en attendant qu'il plaise à Dieu leur *mander*
(envoyer) un roi très-chrétien et catholique.

Ce mot république ne signifiait que
chose publique, *res publica ;* c'était le nom

qu'au seizième siècle on donnait généralement à l'administration; aucune idée de 93, d'un temps que le catholicisme certes n'a pas fait, n'entrait dans ces nobles têtes; elles n'étaient et ne pouvaient être que sur le seuil de 89.

Quant aux protestants, on peut dire qu'avant l'accession des politiques, le mot de république était chez eux moins simple.

Lorsqu'on soufflait ce mot aux oreilles de ces demi-savants, de ces ergoteurs, de de tous ces hommes de collége, dont la vanité se laisse toujours piper aux phrases habiles et mensongères de la politique classique; quand des contributions mensuelles pour le soutien de la cause étaient versées dans le trésor de Coligny; quand des officiers dont le devoir était d'exécuter ses ordres étaient stationnés dans chaque province, prêts à donner le signal à des milliers de soldats qu'on avait l'insolence d'offrir au roi pour aider les Flamands à se révolter contre l'Espagne; certes, le projet d'autant de républiques fédératives dont Coligny et

les autres principaux chefs auraient été
sans doute les présidents, ressemblait beaucoup plus à l'organisation du royaume sous
Hugues-Capet, qu'à tout autre utopie in-
ventée de nos jours.

Malheureusement, l'alliance des politiques et des protestants recula la solution
du problème, et ce n'était plus désormais
sous l'inspiration du principe catholique
qu'il devait être résolu.

Il est bien singulier que les Girondins
aient rencontré dans leurs funestes rêves ce
plan de républiques fédératives, qui excita
toutes les fureurs de la montagne, et con-
tribua si fatalement à rendre explicables
ces cruautés, qu'à certains égards on pourrait comparer aux actes condamnables de la
ligue, qui ne sont pas plus excusables, la
cruauté ne saurait jamais l'être, mais dont,
à la rigueur, on peut montrer la cause, et
pour l'appréciation desquels il faut bien
faire la part de l'insolence des protestants,
des fourberies de la cour et des impatiences

du peuple ; toutes choses auxquelles on n'a jamais pensé fort sérieusement.

En parlant de la Saint-Barthélemy, on ne devrait pas surtout oublier la Michelade de Nîmes qui précéda de cinq ans cette fatale journée. Les religionnaires du Languedoc avaient déjà démoli des églises, pillé des couvents, massacré des religieux, quand ceux de Nîmes en particulier, qui avaient reçu pendant l'été divers courriers du prince de Condé et de l'amiral de Châtillon, s'emparèrent, le 30 septembre 1567, des portes de la ville, et, après avoir arrêté les consuls, firent crier dans toutes les rues, au commencement de la nuit, que tous ceux qui étaient de leur opinion, eussent à se rendre promptement, en armes, dans la place publique, avec ordre aux catholiques de demeurer dans leurs maisons, sous peine de la vie. Tous les huguenots, ayant obéi à cet ordre, leurs chefs leur déclarèrent qu'il fallait égorger les catholiques pendant la nuit. A neuf heures du soir, on conduisit à l'hôtel-de-ville tous ceux qu'on avait arrêtés. Deux heures après, un homme apporta la liste des catholiques qui devaient être massacrés, et la lut à haute voix. On transféra aussitôt les prisonniers dans la tour de l'évêché qui avait été pillé la veille. Là on commença par poignarder le prieur des Augustins, dont le corps fut jeté dans un puits qui était dans la tour, puis on tua le premier consul, et, après avoir traîné son corps dans les rues, avec les insignes de sa dignité, on le jeta dans le puits. Soixante-douze catholiques, parmi lesquels des religieux, des avocats, des bourgeois furent égorgés et jetés de même dans le puits. Quelques-uns furent précipités tout vivants ; et quand le puits eut été presque entièrement comblé, le reste fut rempli de terre. Le massacre dura toute la nuit du dernier septembre au 1ᵉʳ octobre.

Nous avons parlé de la *terreur*, de cette épouvantable ligue, créée pour maintenir l'unité française que des imprudents de toute espèce menaçaient à chaque instant de dissoudre en présence de toute l'Europe armée contre nous. Il nous sera permis de dire, comme catholique, que, si la révolution avait été faite sous l'inspiration de notre foi, le principe de 89 eût été mieux assuré, et n'eût pas eu tant à rougir de l'odieux cortége qu'on lui donna.

Mais avant de montrer comment ce noble essor de la nationalité française fut si promptement détourné de son but vers des excès et des infamies dont les protestants seuls avaient jusqu'alors donné l'exemple, nous devons jeter un regard sur ce qui se passa au temps de la réforme dans d'autres régions de l'Europe.

XVI.

Germes du protestantisme en Espagne et en Italie.

La *Santa-Hermandad* d'Espagne, comme les premières et plus anciennes confréries pieuses de France, s'était constituée en opposition à la féodalité. Le catholicisme était son premier élément ; elle ne surveillait pas moins les attentats contre la religion du pays que les offenses faites au peuple, soit dans sa nationalité, soit dans son repos, son existence et ses biens. Les hérétiques, les brigands et les seigneurs éveillaient également ses sollicitudes.

A l'avénement de Charles-Quint, les grands d'Espagne s'étaient plaints des Flamands, comme ceux de France se plaignirent, plus tard, des Italiens. Ils parvinrent à trouver des auxiliaires autre part que dans la noblesse, et les *comunidades*, les *universitades* se formèrent. Mais par leur moyen, ou peut-être sans eux, quelques-uns des *comuneros* se montrèrent disposés à répandre la semence de Luther. Puis, pour subvenir aux frais des levées qu'on forma contre la cour, on viola quelques trésors d'église, on porta la main sur des vases sacrés, et l'insurrection des *comuneros*, d'où la *Santa-Hermandad* et tout ce qu'il y avait de plus influent dans la bourgeoisie et dans le peuple se retira, fut étouffée dans une première et unique bataille.

En Italie, avant l'insurrection de Luther,

et surtout dans les hautes classes, il y avait un esprit d'indifférence pour la religion, une sorte de scepticisme caché sous le respect extérieur des formes catholiques. C'était un état fâcheux qui ne pouvait point se prolonger, et qui, en effet, cessa tout à coup. Il y eut bien dans certaines montagnes de la Basse-Italie quelques germes de protestantisme portés là, non sans dessein, comme dans les montagnes du Dauphiné, de la Gascogne et du Languedoc; mais on ne leur donna pas le temps de se développer, et des montagnards séduits n'eurent pas long-temps la pensée d'aller piller Naples et Rome.

Enfin le concile de Trente vint manifester et confirmer l'autorité pontificale survivant à des chocs terribles et répétés. Sans doute, ses irrévocables décrets s'opposèrent à toute réconciliation ; mais de la part des catholiques il n'y avait pas de concessions, de rapprochement à faire. Un lien toujours plus solide, une chaîne indissoluble étreignit désormais la catholicité tout

entière. Les attaques dirigées contre l'É-
glise romaine furent dès-lors sans résultat,
et la plus célèbre de toutes, le jansénisme,
n'aboutit qu'au ridicule.

XVII.

Du Jansénisme.

Quand on nomme l'Eglise anglicane, on
parle d'une Eglise qui ne peut pas se propager ; on écarte toute idée d'universalité,
de catholicisme ; la vraie religion doit convenir à tous les peuples. C'est un bienfait
qui est pour tous les hommes, et dont les
Anglais, pas plus que d'autres nations, ne
sauraient avoir la jouissance exclusive.
Louis XIV avait jeté, lui aussi, quelques
fondements pour une Eglise à part, pour une
Eglise dès lors complétement fausse, et qui,
privée de son premier caractère, aurait été
d'abord inutile pour le salut, puis, à la
longue, aurait fait perdre à la France toute
cette force qu'elle tire du catholicisme, et
qui vaudrait bien, si elle était ménagée,

l'influence que donne à l'Angleterre son activité mercantile.

Heureusement, le bon sens de la nation
française n'a jamais trop bien compris ces
propositions rédigées par Bossuet, et qui
sont une erreur dans sa vie ; propositions
doublement funestes, car il paraîtrait que ,
pour mieux les défendre et les faire passer,
le grand roi persécuta à outrance les protestants qu'il aurait pu laisser tranquilles avec
moins de danger , du moment qu'ils n'é-
taient plus appuyés par ces grands qui leur
avaient inspiré tant d'audace.

Et ici encore on peut voir, comme toujours, que le tort n'était pas du côté du catholicisme , puisque c'était pour couvrir
des attaques dirigées contre lui-même
qu'on portait, il n'en faut guère douter ,
des coups si rudes à son adversaire.

Louis XIV persécuta les protestants par
le même motif qui dicta les quatre propositions. Il voulait des deux côtés faire table
rase devant son despotisme. Mais ce n'est
pas là qu'il aurait fallu vouloir renverser

des obstacles ; c'étaient les aspérités de l'administration qu'il fallait aplanir ; c'était cet épouvantable chaos, né des restes de la féodalité et des germes de la monarchie moderne, qu'il fallait débrouiller, sous peine d'en laisser la charge à des successeurs qui n'auraient pas la volonté forte du grand roi.

Loin de là, plusieurs des ordonnances de Louis XIV n'ont servi qu'à augmenter le désordre ; à la vérité, il reconnut que d'anciens droits féodaux étaient tombés en désuétude ; mais il essaya de se les faire payer à lui-même, et il protégea de tout son pouvoir, comme nous l'avons déjà dit, ceux qui, au premier aspect, semblaient tenir à la propriété, bien qu'ils n'y fussent pas plus inhérents que les autres. Cette idée usurpatrice, *point de terre sans seigneur*, fut plus absolument consacrée que jamais par ses légistes et ses conseillers ; et cette autre plus juste *point de seigneur sans titre*, fut mise au néant.

Il ne tint pas à quelques prêtres orgueilleux que l'Eglise gallicane ne fût point un simple essai, un retentissement sourd , incomplet des volontés d'un prince qui , au fond, ne montra jamais la moindre propension à devenir un Henri VIII. Le jansénisme alors aussi fut une protestation contre Rome; protestation aussi absurde que celle de l'Eglise anglicane. Ce sophisme des jansénistes, que le pape est bien le supérieur de chaque Eglise prise à part, mais non de toutes les Eglises réunies, vaut bien la suprématie retirée du pape pour la donner à un archevêque (celui de Cantorbéry). Car si, d'un côté, pour maintenir l'unité de l'Eglise anglicane , cette supériorité est nécessaire, comment la suprématie du Souverain-Pontife ne le serait-elle pas pour maintenir l'unité de l'Eglise universelle? D'un autre côté, le système des jansénistes sur la hiérarchie, vaudrait autant à dire qu'un roi commande aux villes, aux villages et aux champs qui composent une province, mais non à la province même. Ce fut, comme on voit, de l'anglicanisme au petit pied ; et comme l'Eglise anglicane, par ses réserves autant que par ses persécutions, avait déchaîné les passions presbytériennes, le jansénisme, avec ses subtilités et les extravagances de ses convulsionnaires, déchaîna les passions du bel-esprit, et excita cette rage d'impiété qui devait prendre le nom de philosophie.

Cependant, à côté de ces esprits inflexibles qui, par leurs doctrines si dures, cherchaient à isoler l'esprit religieux, à le rendre impropre à la civilisation, d'autres hommes d'Eglise comprenant mieux leur mission répandaient de la bonne main la semence de l'Evangile, et faisaient sortir le catholicisme de la Cité de Dieu, pour l'appliquer plus étroitement que jamais aux réalités de notre nature matérielle. Ils rendaient les pratiques de la religion accessibles à tout le monde ; ils ramenaient du passé dans leur temps la sociabilité catholique un peu altérée par la féodalité, et nous ne craindrons pas de l'avouer, un peu compromise par des abus qu'on ne repousse pas moins aujourd'hui qu'on n'en constate sans hésitation l'existence ; ils comprenaient les passions qui assiégent la jeunesse ; ils avaient l'intelligence de la vie et de ce monde inférieur, tout d'entrainement et de matière ; ils ne faisaient pas de la loi chrétienne une abstraction pour quelques âmes d'élite ; ils l'offraient comme une consolation, comme un pardon. De là, ces pieuses confréries adoptant tous les symboles qui pouvaient représenter la miséricorde divine ; de là, ces hommages au cœur de Jésus ; de là, cette admirable propagation du culte de la Vierge, de cette tendre mère du Seigneur, toujours prête à rappeler à son fils qu'il a donné tout son sang pour les hommes.

Nous ne savons pas ce que cet ordre religieux, persécuté, remarquons-le bien, par le pouvoir absolu, aurait pu faire par la suite dans l'intérêt des peuples ; mais on doit regretter, non pas que la philosophie ait fait la révolution de 1789, ce qui n'est point, le gouvernement lui-même dans ses besoins continuels d'argent et d'unité ayant donné le premier signal, mais qu'elle ait présidé à ce mouvement, devenu, par son influence, au lieu d'une régénération sociale, un nouveau désordre, un chaos que la parole divine, étouffée par des paroles d'orgueil, refusera peut-être long-temps de débrouiller.

C'est un spectacle curieux que celui de la philosophie naissant du jansénisme, comme celui-ci était né du protestantisme, et se plaisant à voir son père aux prises avec cette société si puissante par ses œuvres dont on voulait effacer la trace sans pouvoir leur refuser une juste admiration; puis s'efforçant de faire périr le premier sous les traits du ridicule, et de rappeler, avec une malice acharnée au pouvoir toutes les fausses craintes que l'autre pouvait inspirer.

Il y a ceci de bien frappant dans la coopération de la philosophie avec les ministères du Portugal et de la France, avec Pombal et Choiseul, c'est qu'elle n'a pas assez d'expressions d'effroi contre l'audace de quelques religieux parvenus à organiser un peuple, à le rendre heureux, elle qui, plus tard, avec tout le secours de ses livres, avec l'emploi de la force armée la plus redoutable, avec toutes les ressources de la civilisation la plus avancée, ne devait rien constituer de solide, ne devait assurer ni repos, ni bonheur, et ne réussirait à rien détruire pas plus qu'à rien bâtir; car telle est au fond la situation de la France depuis bientôt cinquante ans.

Elle se moquait aussi beaucoup de l'infaillibilité de l'Eglise, cette philosophie superbe et toujours si cruellement déçue dans ses espérances; elle ne voulait pas voir que, si l'Eglise n'était pas infaillible, elle n'existerait pas; que le culte du libre examen est la négation d'une Eglise; qu'un pouvoir quelconque qui ne serait pas absolu, c'est-à-dire dont les décisions pourraient être interprétées à volonté, serait frappé de caducité en naissant; que, dans l'ordre judiciaire, il ne saurait y avoir de jugement sans infaillibilité, non pas seulement présumée, mais acceptée; que si, au dernier degré de la hiérarchie, on pouvait toujours dire : *vous avez erré*, il n'y aurait plus de société ni de religion possible; elle se moquait beaucoup de l'infaillibilité de l'Eglise, cette philosophie orgueilleuse, et toutes les constitutions qu'elle a imaginées, toutes les assemblées qu'elle a convoquées, tous les pouvoirs qu'elle a créés ont succombé, ont péri par cette absence même d'infaillibilité !

Madame de Staël a dit que les premiers réformateurs avaient eu le tort de croire qu'ils pourraient placer les colonnes d'Hercule de l'esprit humain aux termes de leurs propres lumières, eux qui rejetaient toute autorité de ce genre dans la religion catholique. Cette observation s'applique à la philosophie. Toutes ces lois précises qu'elle a dictées pour circonscrire l'autorité n'ont jamais été suffisantes ; ce que les uns ont fait, d'autres ont toujours cru pouvoir le défaire.

La philosophie a même compromis le principe si pur de 1789, ce principe d'une telle évidence que des hommes de la haute noblesse le promulguèrent eux-mêmes les premiers , soit par conviction sincère , soit parce que les droits auxquels ils pouvaient prétendre , en leur particulier, étaient peu de chose et plus tourmentants qu'utiles, soit que, par dépit contre la cour, ils soient allés au-devant d'une occasion où ils pouvaient devenir populaires.

En proclamant la liberté et l'égalité , elle a presque détruit l'une par l'autre ; ou , pour mieux dire, en manquant de définir la liberté , l'égalité devant la loi, elle a jeté dans le monde un mot perturbateur qui a fini par amener les inégalités les plus grandes et contre lesquelles le ridicule ne peut rien, comme pour les inégalités d'autrefois. Il faut sans doute que nous ayons tous le droit de faire ce que la loi n'empêche point; mais il est en même temps des choses que la loi doit empêcher ou réprimer, ou modérer ; et il ne fallait pas proclamer l'égalité devant la loi avant que certaines lois fussent faites. Les Anglais ont ce grand avantage de pouvoir invoquer bien des lois salutaires faites avant leur émancipation.

Les restrictions à la liberté de faire ont été apportées sur quelques points ; mais peut-être ces restrictions n'ont-elles pas toujours été mises là où il fallait ; et certainement quand on y a recouru, le plus grand avantage du peuple ne s'en est jamais ensuivi.

Au reste, de quelque manière qu'on envisage cette question que nous avons voulu seulement indiquer, mais qui, dans l'état des choses, est peut-être à jamais insoluble, nous croyons à propos de dire que le principe de 1789, qui a toujours été dans l'esprit de l'Eglise, bien qu'elle ait été forcée d'entrer dans le système féodal sous peine d'encourir la mort politique, se trouve indirectement énoncé dans une bulle des papes, dans cette fameuse bulle qu'on lisait tous les ans depuis 1584 *in die cœnœ domini*, et contre laquelle on a tant parlé sans la connaître.

Un article de cette bulle, inspirée par le

désir de mettre fin à plusieurs sortes de désordres, lançait l'anathême contre ceux qui, dans leurs terres, imposaient ou laissaient imposer, augmentaient ou laissaient augmenter des péages ou des gabelles sans en avoir le droit (1).

Évidemment, cette prohibition regardait les droits féodaux, ces droits créés jadis par la fiscalité romaine, et dont s'étaient faits les héritiers ces hommes francs ou gaulois qui avaient pris à ferme les branches diversement échelonnées du gouvernement et de l'administration. Portés qu'ils étaient à donner toujours plus d'extension à ces droits, à en créer nouveaux, il était nécessaire que la loi religieuse, dans l'impuissance de la loi civile dont ils étaient les interprètes, opposât un frein à leur cupidité, à leurs rapines. On trouve dans l'histoire plusieurs plaintes

(1) *Item excommunicamus, et anathematisamus omnes qui in terris suis nova pedagia, seu gabellas ad id potestatem non habentes imponunt, vel augent, aut imponi, vel augeri prohibita exigunt.*

portées contre les princes et les seigneurs qui exigeaient des droits insolites contre les maltôtiers, plaintes suivies en effet d'excommunications. C'était tout ce que l'Eglise pouvait faire alors ; mais en défendant de prendre ce qui n'était pas dû, c'était s'engager à défendre également, lorsque le temps serait venu, la perception de droits n'ayant plus aucun service à rétribuer.

Ainsi, le principe de 1789 était dans les lois de l'Eglise, et il est fâcheux que la philosophie seule se soit chargée de le proclamer, ce principe de jour en jour plus manifeste. Elle a jeté dans le monde la liberté sans la charité, et l'on s'étonne ensuite des désordres qu'on y rencontre à chaque pas, des perturbations qui le menacent sans cesse. Allez donc, philosophie orgueilleuse, lancez-vous sans relâche sur cet océan des siècles où vous ne rencontrez jamais que des naufrages. Essayez de voguer sur ces mêmes flots où la barque de Pierre se maintient contre toutes les tempêtes depuis deux mille ans ; continuez à vous dissimuler sans cesse qu'elle peut seule vous jeter un câble de secours ; comptez toujours arriver au port sans vous appuyer sur la charité, et toutes vos constitutions, rédigées d'après des théories plus ou moins savantes, ne constitueront rien ; toutes vos limites si subtilement posées ne limiteront rien ; vous n'aurez jamais que des étais provisoires qui peuvent bien donner au corps social le temps de refaire sa vie, de la retrouver un jour, mais qui eux-mêmes n'ont pas de vie. En proclamant la liberté sans la charité, vous nous avez fait retomber dans ce chaos de l'ancien monde où s'élevaient des inégalités si choquantes, mais où du moins on ne parlait pas d'égalité. Nous le répétons, le problème sans la charité est insoluble. Les meilleurs esprits de notre époque s'en occupent, et jusqu'à présent la question n'est pas plus avancée qu'au premier jour. Tant que les gouvernements laisseront la liberté augmenter ses monceaux d'or sans autre répression que ses propres folies ; tant que l'égoïsme traduira seul ce mot de liberté, les états flotteront ou seront submergés au gré de tempêtes sans cesse renaissantes.

Il n'est pas bien certain qu'au point où en sont les choses, il reste à la religion catholique d'autre moyen de venir au secours des états, qu'en prêchant la résignation aux victimes toujours plus nombreuses des principes actuels, en leur apprenant à méditer la passion de notre Seigneur Jésus-Christ; mais, à coup sûr, ce n'est pas dans le protestantisme, dans l'égoïsme divinisé que se trouvera jamais le remède aux maux qui nous rongent.

FIN.